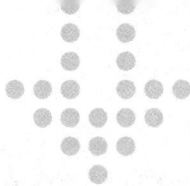

H5营销与运营
实战108招

小页面大效果

谭静◎编著

人民邮电出版社

北京

图书在版编目(CIP)数据

H5营销与运营实战108招,小页面大效果 / 谭静编著
. -- 北京 : 人民邮电出版社,2020.1
ISBN 978-7-115-51829-3

Ⅰ. ①H… Ⅱ. ①谭… Ⅲ. ①网络营销—基本知识
Ⅳ. ①F713.365.2

中国版本图书馆CIP数据核字(2019)第179852号

内 容 提 要

本书围绕H5营销和运营这个主题,从制作平台、营销流程、内容设计、活动策划、传播渠道、创意营销、应用行业、应用场景、经典案例九个角度进行了详细论述,结合大量实际案例,系统地介绍了H5营销和运营的方方面面。

本书针对企业H5的开发和应用,给出了一套详细、完整的解决方案,内容丰富、实用,实战性强。适合企业中H5开发团队的研究人员、相关管理人员和营销人员阅读,也可供对H5营销感兴趣的投资者和创业者参考。

◆ 编　著　谭　静
　　责任编辑　李士振
　　责任印制　周昇亮

◆ 人民邮电出版社出版发行　　北京市丰台区成寿寺路 11 号
　　邮编　100164　　电子邮件　315@ptpress.com.cn
　　网址　http://www.ptpress.com.cn
　　三河市中晟雅豪印务有限公司印刷

◆ 开本:700×1000　1/16
　　印张:15　　　　　　　　　　2020 年 1 月第 1 版
　　字数:258 千字　　　　　　　2020 年 1 月河北第 1 次印刷

定价:59.80 元

读者服务热线:(010)81055296　印装质量热线:(010)81055316
反盗版热线:(010)81055315
广告经营许可证:京东工商广登字 20170147 号

移动互联网时代，企业面临着更多的挑战，同样也迎来了更多的机遇。其中，H5 就是一个很好的传播和营销工具，能够为企业带来更多的竞争优势。

（1）数据： H5 可以帮助企业获得更多的营销数据，从而使营销更加精准，转化率更高。

（2）引流： H5 可以充分发挥移动互联网的优势，将企业的产品展现到数亿用户面前，引流效果更佳。

（3）关系： H5 具有极强的互动优势，可以让企业和用户建立一种强社交关系和信赖关系，打造稳固的粉丝群体。

（4）销售： 营销的最终目的就是销售产品，H5 可以简化用户的购买流程，缩短用户与产品之间的距离，帮助企业提高销量，带来更多利润。

如今，越来越多的企业注意到 H5 的巨大潜力，无论是信息的有效传递还是与用户的深度互动，H5 都具有很强的优势。在微信等 APP 成为企业移动营销中坚力量的当下，H5 还可以借助微信等 APP 进行融合营销，强强联合打造新天地。企业没有 H5 就相当于缺少了发展动力。

既然 H5 对企业来说如此重要，那么，面对这种有效的营销方式，我们到底应该如何入手？相信大家也会有一系列的疑问。

- H5 如何产出吸引眼球的创意？
- H5 如何设计出炫酷的视觉效果？
- H5 如何低成本传播品牌和产品？
- H5 如何实现快速吸粉引流？

目前市场上的 H5 营销书籍非常稀缺，尤其是集 H5 设计、营销、运营、推广等一系列内容于一体的更少之又少。因此，笔者潜心收集并整合相关资料，结合实战案例，编写出这本针对企业 H5 营销的实战宝典。

本书从众多的 H5 营销与运营的经验中，提炼、总结出 108 个实战技巧，手把手教大家制作爆款 H5，让大家早日熟悉营销技巧，赚取更丰厚的利润。

本书从 H5 的类型划分、制作平台、营销流程、内容设计、活动策划、传播渠道、创意营销、应用行业、应用场景、经典案例等多个角度，进行了全面、充分的讲解。其中，H5 营销与运营主要分为以下几部分的内容。

第 1 章，主要讲解了 H5 营销的基础知识，包括 H5 营销的概念、特点、优势、类型、市场等。

第 2 章~第 4 章，主要讲解了 H5 的开发和设计方法，包括不同的 H5 制作平台和功能特点，如何进行 H5 营销策划，以及 H5 的内容设计，如何通过视觉营销来吸引粉丝关注。

第 5 章~第 7 章，重点介绍了 H5 的营销推广技巧，包括用活动策划来引爆热度、提升粉丝黏性，通过多渠道来全方位传播 H5 中的信息，并通过创意营销显著提升移动广告效果等内容。

第 8 章~第 9 章，重点分析了 H5 营销的应用领域和具体场景，解析不同行业应用 H5 营销的方式，以及 H5 营销适合哪些场景，让企业的营销更有针对性，为广大中小企业量身打造高性价比的营销推广方案提供帮助。

第 10 章，筛选了 H5 营销的经典案例，方便读者在阅读这些 H5 案例时，学习优秀 H5 在策划、设计、文案等方面的成功之处，从而轻松掌握 H5 营销。

本书主要以 H5 的开发、营销、推广、运营等为主线，通过 108 个经典知识点，帮助企业更好地实现微信互动营销、商业展示与销售，打造创意新媒体广告，让广告更具趣味性，同时借助 H5 精准的数据统计和分析功能，让营销推广变得更加可控。

希望通过本书系统、翔实的讲解，帮助读者掌握 H5 营销的技巧与要领。

本书由谭静编著，由于作者知识水平有限，书中难免有疏漏之处，恳请广大读者批评指正。

联系邮箱：itsir@qq.com

编者

目录 | Contents

第 3 章 营销流程：
H5 营销如何进行策划

第 4 章 内容设计：
视觉营销吸引粉丝关注

第 7 章 创意营销：
显著提升移动广告效果

第 8 章 应用行业：
全面满足营销推广需求

第 9 章　应用场景：
H5 营销适合哪些场景

第 10 章　经典案例：
火爆的 H5 营销新玩法

第 1 章

H5 营销:
娱乐化社会营销新模式

学前提示 >>>

H5是伴随着移动互联网发展而产生的一种新型营销工具，由于它是移动互联网的衍生物，因此也具有很多移动互联网的营销优势，如娱乐化、碎片化、社会化等。如今，H5已经成为各行各业必不可少的营销工具，帮助企业更好地吸粉引流、营销产品。

要点展示 >>>

◆ 初步了解：H5营销是什么、有何特点
◆ 优势分析：H5场景为何有利于营销
◆ H5怎么用：企业营销人员该如何行动
◆ 5大要点：探索H5营销的潮流和方向
◆ 信息展示类：静态展示级H5页面
◆ 视频动画类：交互级H5场景应用
◆ 游戏互动类：支持用户的互动参与
◆ 技术驱动型：运用炫酷的技术作为卖点
◆ 场景模拟型：营造某种特定场景的H5
◆ 寻找市场：如何合理地放置H5场景

001 初步了解：**H5 营销是什么、有何特点**

H5 营销如今是移动互联网中的热词，那么 H5 营销究竟是什么，又有何特点，下面我们做一个深入的分析。

1. 认识 H5

首先，我们来解析一下 H5 这个词。"H"是指 HTML，它是"超文本标记语言（HyperText Markup Language）"的英文单词缩写，简单来说，就是一种规范、一种标准，它以网页的形式呈现在我们面前。图 1-1 所示为一个具有营销功能的淘宝 HTML 网页。

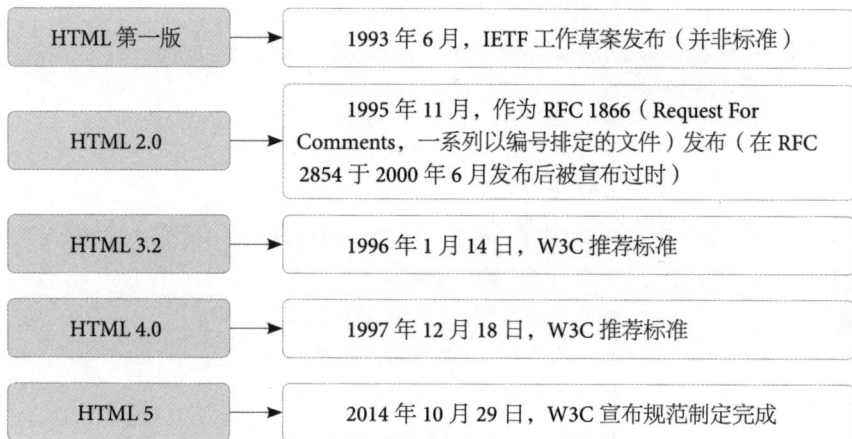

▲图 1-1 淘宝 HTML 网页

H5 中的"5"指的是"第 5 代"，HTML 的发展历程如图 1-2 所示。

HTML 第一版	→	1993 年 6 月，IETF 工作草案发布（并非标准）
HTML 2.0	→	1995 年 11 月，作为 RFC 1866（Request For Comments，一系列以编号排定的文件）发布（在 RFC 2854 于 2000 年 6 月发布后被宣布过时）
HTML 3.2	→	1996 年 1 月 14 日，W3C 推荐标准
HTML 4.0	→	1997 年 12 月 18 日，W3C 推荐标准
HTML 5	→	2014 年 10 月 29 日，W3C 宣布规范制定完成

▲图 1-2 HTML 的发展历程

其中，IETF（Internet Engineering Task Force，因特网工程任务组）是全球互联网最具权威的技术标准化组织。而 W3C（World Wide Web Consortium）就是我们比较熟悉的万维网联盟，它在 Web 技术领域非常具有权威和影响力。

最早的 HTML 技术是从 1991 年开始研究的，直到 1993 年才正式推出。此后，HTML 经历了数次的更新换代，在这其中出现了两种比较优秀的方案，那就是由 WHATWG 提出的 Web Applications 1.0，以及由 W3C 提出的 XHTML 2.0。最终，这两个大型互联网组织在 2006 年达成共识，共同推出全新的 HTML 技术，也就是现在的 H5。

起初，H5 并没有引起人们的关注，而是一直在进行优化升级，这个周期相当长，经过了差不多 8 年的时间，W3C 才最终宣布 HTML5 标准规范制定完成，并面向全球开放。

HTML5 的主要功能包括语义、离线与存储、设备访问、连接、多媒体、3D 与图形、CSS3 等，可以用于网页端与移动端的连接，让用户在互联网上也能轻松体验各种类似桌面的应用。

2. 了解 H5 营销

当然，移动互联网技术的发展、智能手机的普及以及社交网络的成型等，都是推动 HTML5 火热的原因。同时，很多互联网企业看到了 H5 的商机，在其中加入了营销功能，这也使 H5 同 APP 一起，成为一种广受欢迎的移动互联网营销工具。

图 1-3 所示为一个以"移动营销"为主题的 H5 长页面，可以宣传一些企业的优势或产品的特色等内容。

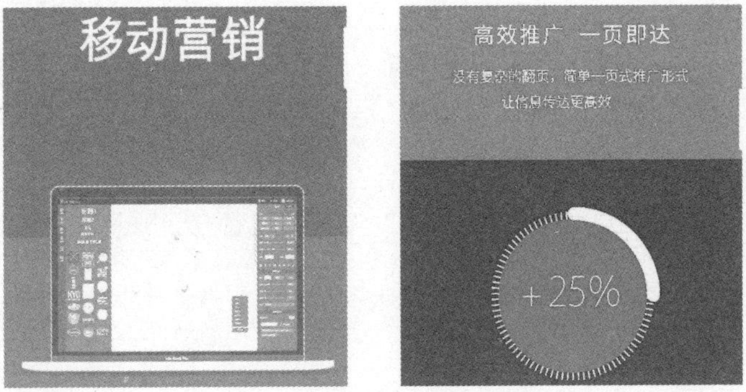

▲图 1-3 以"移动营销"为主题的 H5 长页面

在营销方面，H5 的主要功能如图 1-4 所示。

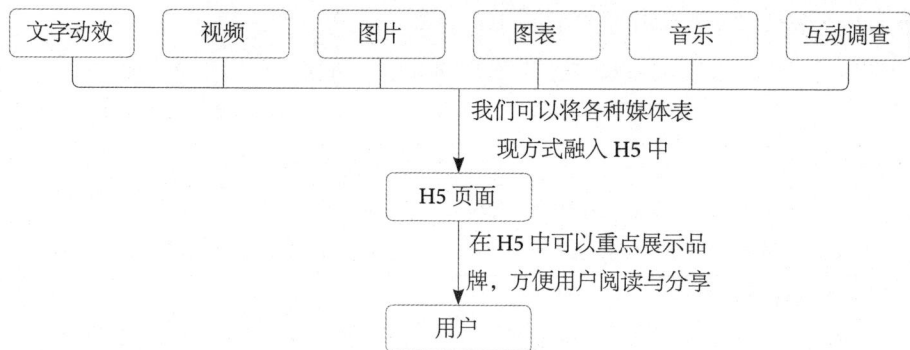

▲图 1-4 H5 的主要功能

图 1-5 所示为一个以"爱情"为主题的 H5 视频页面，它采用动画播放的形式，可以很好地唤起人们的情感，直击内心。这种 H5 视频页面既适用于婚礼视频，同时也可以作为七夕等节日的热点营销内容。

▲图 1-5 以"爱情"为主题的 H5 视频页面

H5 营销最主要的特点就是跨平台性和本地存储特性，如表 1-1 所示。

表 1-1 H5 营销的特点

营销特点	具体分析	优势分析
跨平台性	通过 H5 技术制作的页面或应用可以轻松兼容各种终端和设备，如 PC 端与移动端、Windows 与 Linux、Android 与 iOS 等	H5 具有非常强大的兼容性，可以降低开发与运营成本，为企业与创业者带来更多的发展机遇

续表

营销特点	具体分析	优势分析
本地存储特性	（1）启动时间要远远低于 APP （2）网络速度比 APP 更快 （3）由于 H5 只是一个页面，因此也不用占据本地内存空间 （4）H5 不依靠第三方浏览器插件，也可以创建出高级图形、版式、动画以及过渡效果 （5）占用的流量比较少	H5 非常适合手机等小容量的智能设备，同时也可以给用户带来更好的视听体验

可以说，H5 技术的成熟，不但为移动互联网开辟了一种全新的营销模式，同时也推动了移动互联网的快速发展。

002 优势分析：**H5 场景为何有利于营销**

在了解 H5 营销的"来龙去脉"后，我们来看看它的主要优势，分析一下 H5 场景为何有利于营销？

H5 营销是随着移动互联网的发展而发展的，但是作为一种新型的移动营销方式，H5 的发展速度极快，在短时间内已经成为互联网营销的一大特色。从企业的角度而言，想要突破传统的营销方式，获得更好的发展，就需要利用 H5 这种新的营销手段开拓市场，抓住机遇。从用户的角度而言，H5 直接影响着用户对企业的认识，具体分析如图 1-6 所示。

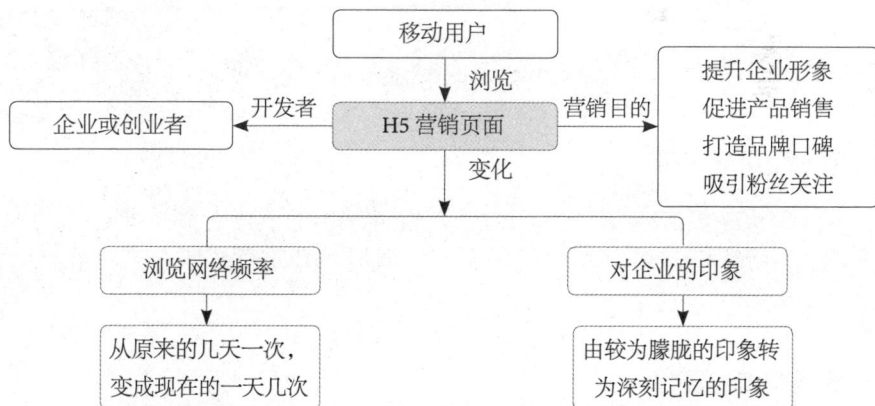

▲图 1-6 H5 直接影响着用户对企业的认识

H5 营销之所以能够快速地提升影响力，其根本的优势不可忽视，主要表现在如图 1-7 所示的 6 个方面。

```
开发成本比较低 ┐                              ┌ 随身携带灵活化
                ├─ H5 营销的优势 ─┤
用户使用成本低 ┤                              ├ 营销的交互性强
                │                              │
全面立体的展示 ┘                              └ 增加产品营业额
```

▲图 1-7 H5 营销的 6 大优势

1. 开发成本比较低

从企业的传统宣传方式而言，如电视广告、企业横幅、宣传海报、活动展板、活动宣传单、灯箱宣传、刊物宣传等，需要投入的资金较多，而宣传的效果往往有限。相比 H5，这些宣传方式都因投入资金多而成了企业进行宣传时的第二选择。

通过 H5 营销，企业所需要花费的只是 H5 页面的设计成本和维护成本，投入的资金相对较少。图 1-8 所示为 H5 进行宣传和营销的优势分析。

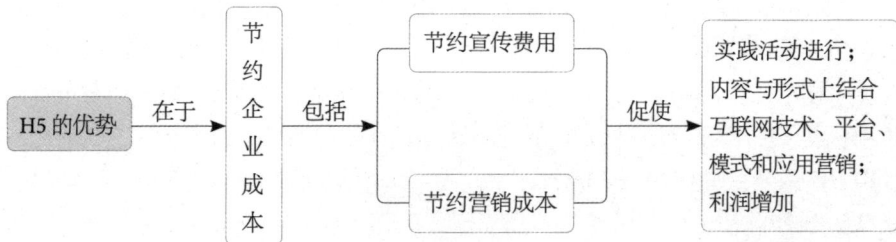

```
              ┌────┐           ┌──────────┐
              │节  │           │ 节约宣传费用│        ┌──────────────┐
┌────────┐  │约  │           └──────────┘        │ 实践活动进行； │
│H5 的优势│─在于→│企  │─包括→                   ─促使→│ 内容与形式上结合│
└────────┘  │业  │           ┌──────────┐        │ 互联网技术、平台、│
              │成  │           │ 节约营销成本│        │ 模式和应用营销；│
              │本  │           └──────────┘        │ 利润增加       │
              └────┘                                 └──────────────┘
```

▲图 1-8 H5 进行宣传和营销的优势分析

2. 用户使用成本低

用户不需要下载安装 H5，也不用浪费时间和流量，就可以快速满足自己的核心需求，使用成本非常低。用户在看到一个 H5 时，想看就可以根据提示看，不想看直接关掉就行，也不需要进行卸载等操作。

3. 全面立体的展示

通过 H5 可以对企业形象进行全面立体的展示，企业形象的体现主要有如图 1-9 所示的几个方面。其中产品形象和功能形象是用户最为关注的，也是企业 H5 内容展示的重点。

▲图 1-9 企业形象全面立体的展示

温馨
提示

H5 的界面尽管不大，但是自身能够通过多种导航条功能或各种互动链接将内容全面而细致地展现出来。例如，微信小程序的开发过程就用到了 H5 的相关技术，能够将千条企业应用信息尽数整合在一起，通过微信即可为用户提供便捷服务，如图 1-10 所示。

▲图 1-10 微信小程序

4. 随身携带灵活化

H5 的主要载体是智能手机，智能手机体积小，便于携带，为用户能够随时使用 H5 提供了条件。智能手机已经成为大众的普遍工具，并且向着更轻更薄更智能化的方向发展。

用户使用智能手机进行拍照、上网等行为十分常见，这也就促使用户随时使用 H5 提供的服务。例如，企业在招聘人才时，就可以制作一个精美的 H5 页面来吸引求职者，图 1-11 所示为 Epub360 上的一个企业招聘 H5 模板。

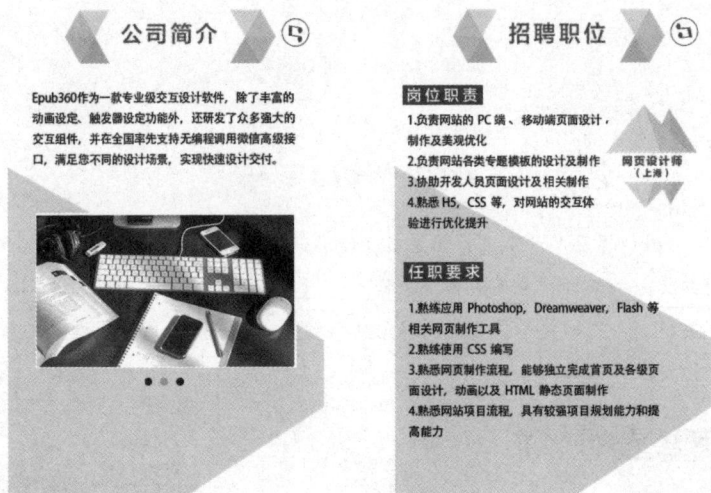

▲图 1-11 企业招聘 H5 模板

5. 营销的交互性强

与娱乐性的 APP 应用不同，企业 H5 营销带有的商业标志及强烈的盈利性质，在一定程度上缩小了 H5 用户的定位范围，但是通过兴趣点进行互动仍然是营销的重要途径，也是吸引用户的主要方式。

H5 包括多种交互方式，如助力型游戏、节日型游戏、竞技型游戏、行业型游戏等，可以帮助企业更快地吸引用户。

需要注意的是，对于 H5 营销而言，往往是多种营销方式并存于 H5 上的，通过环环相扣的营销互动形式来吸引用户。

6. 增加产品营业额

H5 营销的根本目标是增加产品销售额，需要注意的是，如果用网站建设的思维来定义 H5，那么 H5 的主要作用就变成了信息展示平台，而不是一个增加产品营业额的途径。

它不但可以全方位地展示产品，让用户对企业产品产生浓厚的兴趣，还可以在页面尾端添加相关的店铺或产品购买链接，让用户可以及时下单支付。

与传统的营销方式相比，H5 营销可以更好地激起用户的阅读和分享欲望，甚至有些优秀的 H5 可以实现数亿曝光量。因此，如今很多企业和商家都在争先恐后地进入 H5 营销领域，以借此实现更高的营销目标。

003 H5 怎么用：企业营销人员该如何行动

前面说了 H5 的优势，那么，H5 究竟怎么用，企业营销人员又该如何行动呢？首先，我们可以寻找一些优质的 H5 营销案例，通过这些案例来找到它的开发平台。

那么，如何在这其中找到 H5 的开发平台呢？我们可以点击 H5 页面右上角的"▤"图标，在打开的功能菜单中点击"在浏览器打开"按钮，之后选择合适的浏览器打开这个 H5 页面。当然，通常在 H5 页面的下方也会显示开发者。

找到合适的开发平台后，接下来就需要了解它们的收费模式，通常有两种：模板和定制化。

（1）模板： 通常比较便宜，而且有很多免费模板可以使用。制作方法也较为简单，用户只需要找到合适的模板，修改其中的企业名称、LOGO、宣传文字、图片或相关视频等内容即可。通过模板制作的 H5 不但完成速度快，且流畅度也比较高，但不足之处就是开发平台不会提供设计方案。

（2）定制化： 定制化的价格比较高，且制作周期比较长，其优点是平台会为企业的营销活动提供量身定做的创意设计，更具有针对性，而且营销效果也比较精准。

☞ **【案例】：《谁是大胃王》**

某酒楼在凡科互动平台上运用 H5 做了一次引流活动，活动开始两个星期就吸引了 20 000 多人参与，同时酒楼的日均人流也达到了 3 000，而且优惠券的使用量也超过 2 000，相关数据如图 1-12 所示。

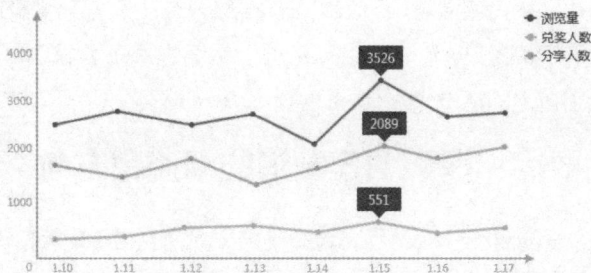

▲图 1-12 某酒楼的 H5 活动数据

下面我们来看看这次 H5 营销活动的具体实施步骤。

（1）活动设计： 该酒楼先通过凡科互动平台创建个性化的 H5 游戏《谁是大胃王》，并且设置了相应的奖品来吸引消费者参与，需要注意的是，酒楼在 H5 游戏中融入了很多自己品牌的元素，例如，将游戏中的菜名换成了自己品牌的菜名"招牌叉烧包"等，进行植入营销。

（2）活动推广： H5 活动上线后，该酒楼将其发布到微信群、朋友圈等线上平台，进行推广宣传，同时也在酒楼内粘贴二维码宣传单，进行线下推广。

（3）活动参与： 很多看到这个 H5 的用户，被活动中的奖品所吸引，参与游戏的热情度非常高。用户在参与 H5 游戏的同时，也间接了记住了这个酒楼的品牌，如图 1-13 所示。

▲图 1-13 用户积极参与 H5 活动

（4）活动筹备： 在活动过程中，该酒楼也进行了充分的准备工作，如增加员工与原料等，并且对相关的活动人员进行细致的培训，例如，如何帮助消费者兑奖，如何应对大量的人流等。

（5）线下消费： 那些积极参与游戏并且中奖的用户，大多都会去酒楼兑奖消费，消费时只需出示二维码优惠券即可抵扣相应的金额，酒楼收银员可以使用兑奖码去凡科互动平台或通过扫二维码在微信公众号上完成兑奖操作。

以上便是一个完整的 H5 营销活动流程，相信大家在了解之后，可以对 H5 营销活动有一个整体上的认识。

004 5 大要点：**探索 H5 营销的潮流和方向**

H5 营销的发展离不开移动互联网的支持，尤其是 5G 时代的开启，以及移动终端设备影响力的提升，进一步为移动互联网的发展注入了巨大的能量，从而带动了 H5 营销的迅速更新与发展。

那么，进行 H5 营销活动有哪些要点呢？这里简单整理了一些 H5 营销的潮流和方向（见图 1-14），值得大家引起注意。

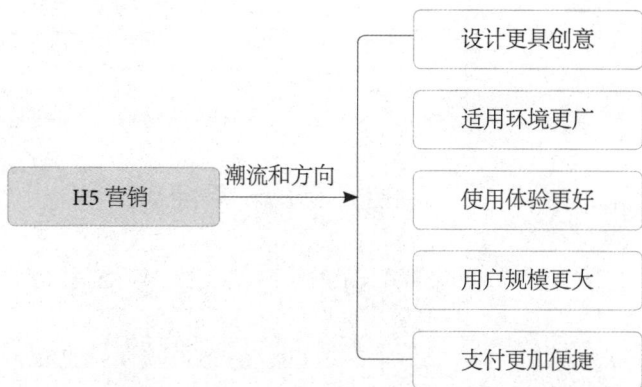

▲图 1-14 H5 营销的潮流和方向

企业开发 H5 的根本目的是利用 H5 进行营销。其主要原因有两个方面，首先是通过 H5 积聚不同类型的网络受众，其次是通过 H5 获取大众流量和定向流量。

作为移动互联网时代的标志之一，H5 的影响力不言而喻。H5 营销的发展前景十分广阔，尤其是随着智能化趋势的进一步体现，未来大众对于 H5 的需求会更大。从企业的角度出发，H5 营销的要点主要体现在以下 5 个方面。

1. 设计更具创意

随着智能手机的功能愈发强大，H5 应用的数量快速增加，H5 相互间的竞争也越来越激烈。在这种情况下，设计上的创意就成了 H5 活动获得用户认可的重要途径之一。

对于 H5 营销而言，只有企业想不到的创意，没有做不到的创意。需要注意的是，H5 模板库里有超过 100 万个 H5 页面，但是并没有 100 万个独特的 H5 创意，可见创意并不是凭空而来、容易获得的。对于企业而言，在设计 H5 之初可以通过 5 种方式对 H5 进行精准定位，从而进一步将创意体现在 H5 中，具体的内容如图 1-15 所示。

	缩小范围式	能做的事情少，但是将这些少的事情做得好也是创意
内容分析	特点突出式	如果无法清楚地表达 H5 的优势特点，那么是失败的
	信息反馈式	尽早地得到用户反馈，并将痛点问题的解决方式融入 H5
	另寻新路式	不要在旧的创意上犹豫，更不要在已有的模式上构建
	创意检测式	询问自己，用户要继续浏览这个 H5 的理由

▲图 1-15 对 H5 创意进行内容分析

2. 适用环境更广

垂直化是 H5 营销的一个特色。对于非大型企业而言，为了让企业在庞大的竞争群体中脱颖而出，找到一个切入口作为 H5 营销的特色，已经成为一种主流模式。

移动互联网的发展也促使 H5 营销的规模快速扩大，H5 在内容上具有更为丰富并多元化体现，尤其是在衣食住行等与大众密切相关的领域，内容垂直化趋势已经有目共睹。

👉 【案例】：《中裕魔法蔬菜》

《中裕魔法蔬菜》是一个类似祖玛游戏的 H5，用户可以点击屏幕，按照相应方向发射蔬菜图标，只要有 3 个相同的蔬菜图标相连，即可消除并获得分数，如图 1-16 所示。这个 H5 除了比较有创意的游戏形式外，还融入了蔬菜这种人们生活中常见的食物元素，这其实就是中裕为即将上市的生态蔬菜进行宣传的一个活动。

> 温馨提示　　总之，对于 H5 营销而言，把握 H5 的设计细节，通过垂直化的产品进行重点突破，是十分重要的。

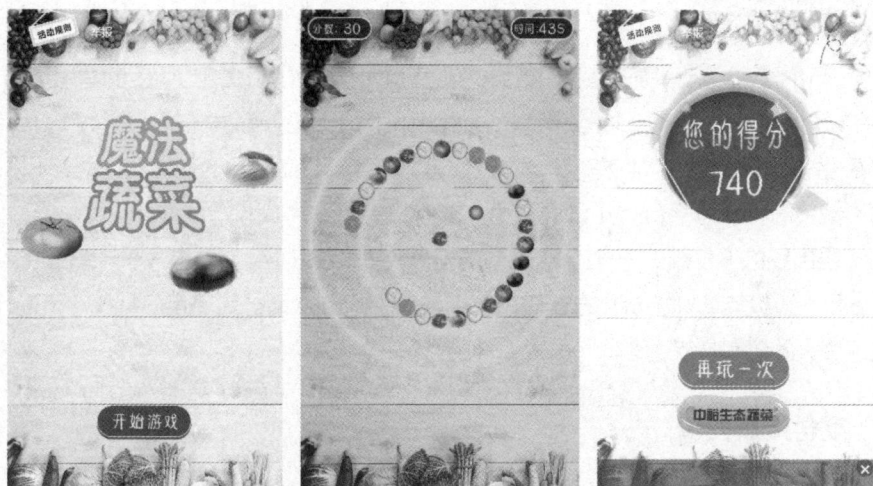

▲图 1-16 H5 游戏"中裕魔法蔬菜"

3. 使用体验更好

H5 营销之所以能够快速发展，获得大众的认可，是因为在用户的使用体验方面，H5 有着明显的优势。这主要集中在 3 个方面，分别是使用场景的体验、使用时间的体验、使用效率的体验。

在传统的 PC 端，用户固定地盯着屏幕并使用键盘和鼠标操作，场景较为单一。对于 H5 的用户而言，只要能携带移动设备的地方，就能操作 H5，使用场景几乎没有限制。

与 H5 的营销模式相比，传统 PC 端的用户往往是一段持续较长的使用时间。碎片化却是移动互联网的特色，用户可以随时中断当前的手机操作，等某些事情结束后，再继续之前的 H5 操作。

H5 的界面大小局限于智能手机的界面大小，相比于传统 PC 端，其界面较小，但整个界面的利用率很高。通过 H5 本身对相关内容合理地规划和抉择，用户能够获得更为精准的信息，避免使用传统 PC 端时信息冗余的情况。

> 温馨提示
>
> 对于用户而言，具体的使用体验还是需要从 H5 的具体功能应用中获得。如果 H5 的功能体验能够迎合用户的需求，刺激用户进行使用和分享，那么 H5 就有一定的实用价值。

4．用户规模更大

H5 的潜力巨大，在于其用户数量的规模庞大，用户规模决定了 H5 的营销价值。目前，H5 营销主要基于微信来传播，腾讯旗下的企鹅智酷发布的《2017 微信用户＆生态研究报告》数据显示，截至 2016 年 12 月，微信月活用户全球共计 8.89 亿，新兴的公众号平台有 1 000 万个。

在传统的 PC 端，一个企业网站的活跃用户数量达到 1 亿是几乎不可能的，而 H5 通过极其便利的操作方式吸引了用户的使用，从而扩大了用户规模，进而产生了极大的营销影响力。

5．支付更加便捷

随着智能手机的发展，在线支付方式开始逐渐普及，目前已经成为大众，特别是年轻人的主要支付方式，关于在线支付的相关内容分析如图 1-17 所示。

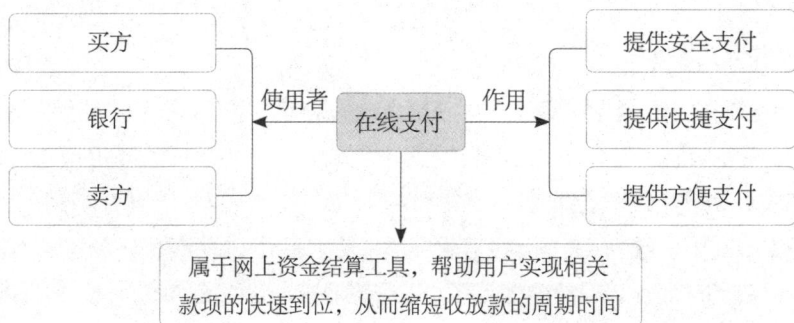

▲图 1-17 关于在线支付的相关内容分析

用户可以在 H5 页面中使用移动支付方式，如微信支付、支付宝、百度钱包等，来完成相关款项的支付。

005 信息展示类：**静态展示级 H5 页面**

静态展示级的 H5 页面主要用来展示各种信息，其效果与 PPT 类似，这种 H5 的制作成本低，加载速度快，可以用来进行产品推广或品牌宣传。

☞【案例】：《新店开业，感恩大酬宾》

图 1-18 所示为一家海底捞新店开业的静态展示级 H5 页面，以喜庆的红色（颜色为手机屏幕显示）作为主色调，展示海底捞的公司简介、优惠信息、招牌特色、热销产品、店铺地址等内容，以此起到营销宣传的效果。

▲图 1-18 海底捞新店开业的静态展示级 H5 页面

对于技术人员来说，制作这种类型的 H5 页面比较简单，通常可以先制作好一个个静态的页面，然后再考虑整个画面的动态切换展示效果。也就是说，每一个页面虽然是静态的，但页与页之间的切换还可以添加一些动态效果，让 H5 看上去简约而不简单。

006 视频动画类：**交互级 H5 场景应用**

交互级 H5 场景应用主要是通过各种视频、动画元素来增强画面的交互性。例如，Mugeda 就是一个 H5 交互融媒体内容制作与管理平台，其主要功能和特色如图 1-19 所示。

营销	→ 让 H5 不再像 PPT 一样，形式较为单一，可以在其中充分展现设计者的创意
新媒体	→ 运用可视化的新闻创作技术，提供基于云计算的 H5 富媒体内容解决方案
数字出版	→ 让企业的数字产品跨平台播放，自动匹配不同终端
教育培训	→ 培养学生掌握 H5 交互动画技术，为市场提供更多实用的人才

▲图 1-19 Mugeda 的主要功能和特色

【案例】：《开学了》

《开学了》是 Mugeda 平台上的一个动画 H5 页面，如图 1-20 所示，它运用动画对白的形式，将图文很好地结合在一起，图片简单但富有故事情节，仿佛像在看漫画一样，同时充满情感的内容也很容易引起大家的共鸣。

▲图 1-20 《开学了》动画 H5 页面

在 H5 的结尾，设计者点明 H5 的主题，那就是某国际幼儿园的招生广告，同时还列出了该幼儿园的一些优势，如图 1-21 所示。当然，如果开篇就是招生广告，读者可能就不会点击阅读。

▲图 1-21 在 H5 页面的结尾点题

007 游戏互动类：**支持用户的互动参与**

前面两种 H5 虽然都有一定的互动性，但其展示作用还是占了大部分。这里要介绍的游戏互动类 H5 则具有很强的互动性，支持用户参与互动。H5 游戏可以说是五花八门，如连连看、大转盘、抓蝴蝶、捉迷藏等，通过将品牌或产品植入到 H5 游戏中，让用户自发在社交网络中进行转发传播，从而扩大品牌或产品的影响力。H5 游戏的主要特点如图 1-22 所示。

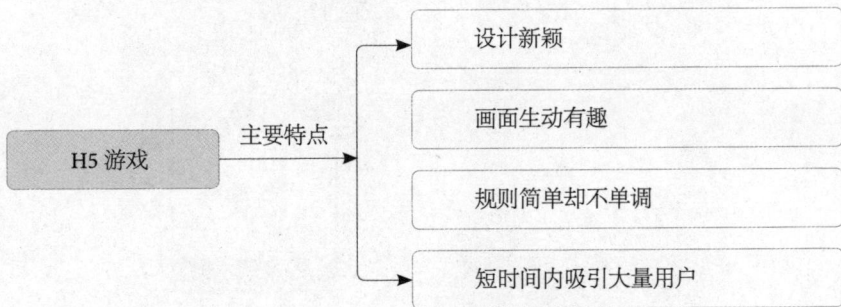

▲图 1-22 H5 游戏的主要特点

【案例】：《豌豆荚：像素世界通行证》

《豌豆荚：像素世界通行证》是由豌豆荚推出的一款 H5 小游戏，如图 1-23 所示。打开后，点击页面中间的相机按钮即可上传照片。

▲图 1-23 《豌豆荚：像素世界通行证》H5 游戏

选择照片并确认取景范围后，点击"确定"按钮，还可以在照片上添加各种有趣的小道具，设计属于你的专属"像素世界通行证"，如图 1-24 所示。这里开始就体现出 H5 游戏的互动性了，通过使用不同的道具，以及不同的摆放位置，用户可以制作出不同的照片效果。

▲图 1-24 用户可以参与设计过程

制作完成后，点击"马上生成"按钮，即可生成一张"像素世界通行证"。用户也可以点击"告诉好友"按钮，根据操作提示分享给其他好友，如图 1-25 所示。

游戏 H5 讲究的要点就是"互动"，一定要和用户多做互动，让他们来参与、来规划，充分调动用户的积极性以达到预期效果。

▲图 1-25 生成与分享"像素世界通行证"

008 技术驱动型：运用炫酷的技术作为卖点

技术驱动型的 H5 场景应用主要运用各种炫酷的技术作为卖点，吸引人们关注和使用，如图 1-26 所示。

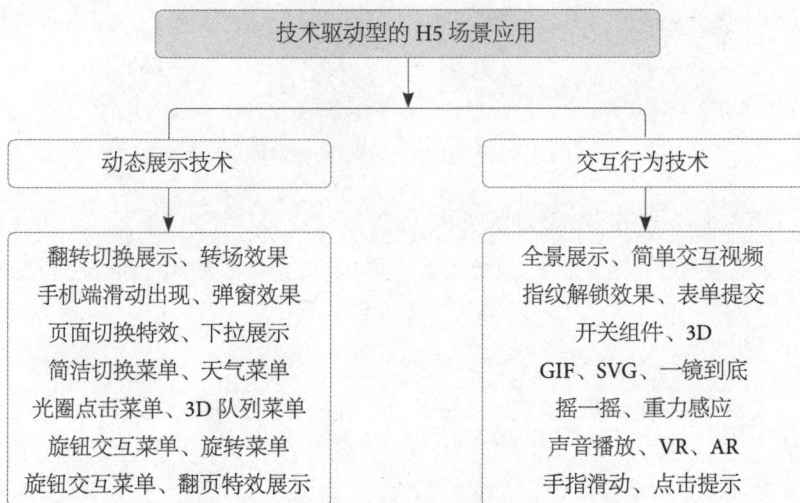

▲图 1-26 技术驱动型的 H5 场景应用

SVG 是一种使用 XML 技术描述二维图形的语言，是一种矢量图。在 H5
中，开发者能够将 SVG 元素直接嵌入 HTML 页面中。与 JPEG 和 GIF 等图像
格式比起来，SVG 的尺寸更小，具有更强的压缩性。

不同的技术可以实现不同的 H5 动态效果，技术驱动型的 H5 看上去要更加美
观，除了需要美工参与设计外，还需要掌握专业技术的人员来开发，搭建出更高
层次的 H5 营销场景。

👆 【案例】：《旋钮交互菜单》

《旋钮交互菜单》是一个天气动态展示 H5 页面，我们可以通过旋转下方的按
钮切换展示相应的天气效果，如图 1-27 所示。在制作 H5 营销活动时，也可以将
这种技术运用到其中，增强 H5 的交互性。

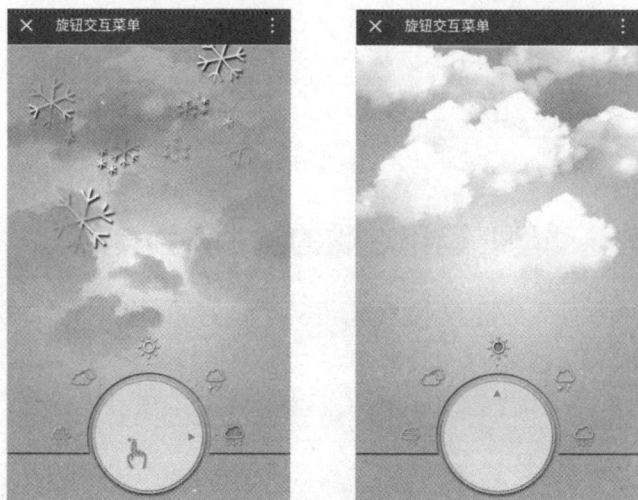

▲图 1-27 《旋钮交互菜单》H5 页面

👆 【案例】：《66 小时奇妙乐园》

《66 小时奇妙乐园》是由"我的生活 in 记"推出的一个 H5 营销活动，如图 1-28
所示。

▲图 1-28 《66 小时奇妙乐园》H5 营销活动

《66 小时奇妙乐园》运用了摇一摇技术，用户只要轻轻摇动手机，即可使 H5
界面中的人物向上飞动，探索各种奇妙的世界，如图 1-29 所示。

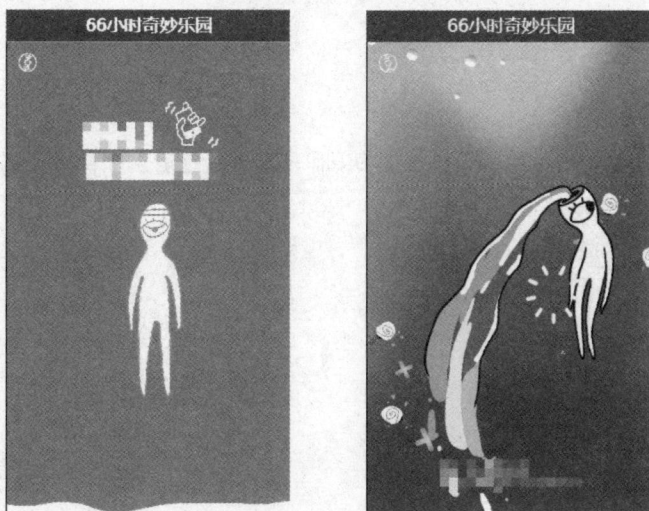

▲图 1-29 摇一摇开始探索

当界面上的人物到达顶楼后，即可看到这里原来是"66 小时奇妙乐园"，用
户还可以直接通过 H5 报名参加专属于年轻人的线下派对。

《66 小时奇妙乐园》的主题是"不贩卖商品，只贩卖有趣"，而且只开放 66
个小时。据悉，活动第一天吸引了 7 000 多位用户参与，整个活动过程共有 10 000
多位用户参与。

009 场景模拟型：**营造某种特定场景的 H5**

场景模拟型 H5 主要通过真实地营造某种特定场景，如来电、微信消息等，可以让用户置身于这些场景中有亲临现场的感觉，从而实现 H5 的交互和传播效果，如图 1-30 所示。

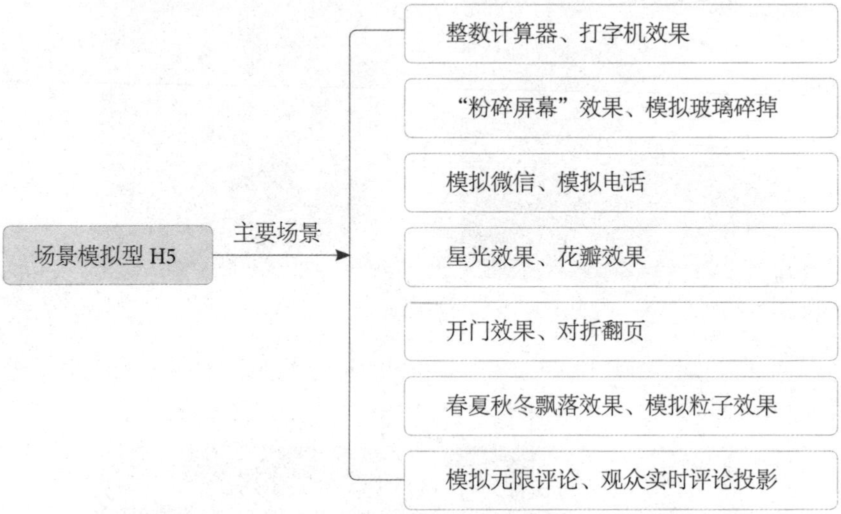

▲图 1-30 场景模拟型 H5 的类型

如今，随着 H5 技术的发展，很多 H5 开发平台都提供多种模拟场景的 H5 模板，如图 1-31 所示。

▲图 1-31 各种 H5 模拟场景

在 H5 中你可以模拟出各种各样的场景，当然还要学会将品牌、产品和这些创意的模拟场景相结合。如果你找不到合适的场景，那么也可以尝试将实际生活中的各种场景添加到 H5 中，去深度挖掘更多的创意。

👉 【案例】：《这个陌生来电你敢接吗？》

《这个陌生来电你敢接吗？》是大众点评推出的一个模拟来电的 H5。打开 H5 后，进入来电界面，此时铃声响起，手机不断振动，但没有显示号码和归属地。如果点击"接听按钮"就会听到一个低沉的声音："呵呵，您果然接听了电话"，如图 1-32 所示。

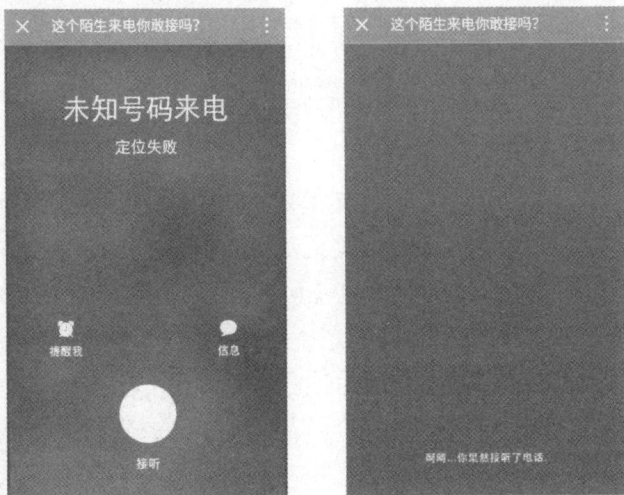

▲图 1-32　《这个陌生来电你敢接吗？》模拟来电界面

同时，会出现很多对白，并且有一只手不断地"敲击手机屏幕"，手机显示出屏幕破碎的画面，效果非常逼真，如图 1-33 所示。

▲图 1-33 模拟出玻璃破碎的画面效果

最终，"大 Boss 奥创"出场，不屑地吐槽了手机的小屏，并信誓旦旦地说要玩就玩大屏，然后将用户带到了"19.9 元看 IMAX 大屏电影"的最终页面，如图 1-34 所示，原来这是大众点评《复仇者联盟 2：奥创纪元》电影的宣传。点击"在线选座"按钮即可参与抢票活动，如图 1-35 所示。

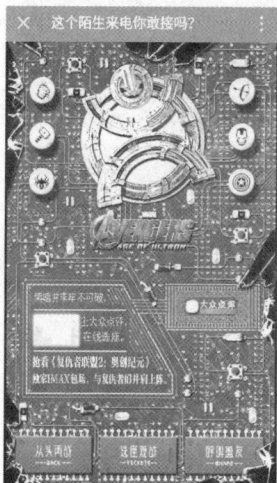

▲图 1-34 电影宣传广告

▲图 1-35 参与抢票活动

《这个陌生来电你敢接吗？》可以说是模拟来电的 H5 经典案例，运用生动有趣的互动方式，加上画面逼真的模拟场景，代入感和故事性极强，让这个 H5 瞬间引爆。

010 寻找市场：**如何合理地放置 H5 场景**

确定 H5 的类型后，我们还需要寻找一个合适的市场来合理地放置 H5 场景。
H5 营销适合的企业和场景如图 1-36 所示。

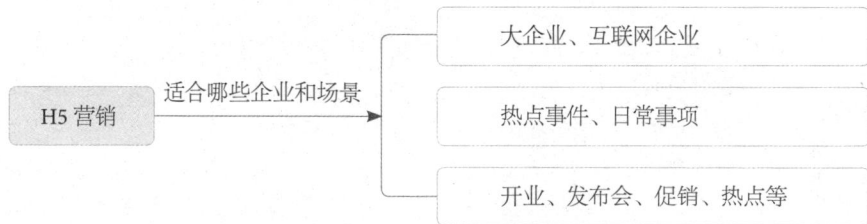

▲图 1-36 H5 适合的企业和场景

由于 H5 营销的成本较低，因此，不管是大企业还是中小企业，都可以使用。
另外，如开业酬宾、发布会、促销活动等这些场景也非常适用。

👉 【案例】：《奔跑吧！外卖小哥》

《奔跑吧！外卖小哥》是果子奶茶利用凡科互动推出的一次现金券 H5 营销活
动，如图 1-37 所示。果子奶茶通过这种有趣又有效的营销方式，很好地实现二次
引流，是餐饮行业引导二次消费的典型案例。

▲图 1-37 《奔跑吧！外卖小哥》H5 页面

在 H5 游戏中，将各种游戏元素替换为自家品牌的元素，加强用户的记忆。同时，
在线下运用二维码来引流，将二维码附在饮料杯子上，并注明"玩游戏，赢大奖"

的字样，顾客扫码后即可参与游戏抽奖。当顾客通过 H5 游戏中奖后，通常会将兑奖券收藏起来，以便在下次点外卖或现场消费时使用。

据悉，这个活动持续了 3 周半，参与《奔跑吧！外卖小哥》H5 游戏的人数达到 2 万多，而且奶茶店日均外卖单也增加了 500 单。

温馨提示

除了餐饮外卖行业外，H5 还可以应用到各种市场和场景中，如互联网、婚庆、教育、服饰鞋包、金融、文体娱乐、旅游、电商、美容美妆、连锁、家居、母婴、汽车、地产等行业，后面的章节会具体说明。

第2章

制作平台:
企业微场景的制作利器

学前提示 >>>　　在移动互联网时代,H5已经越来越被企业所看中,与此同时,各种H5制作平台也横空出世,为H5营销人员提供了大量的创作模板。对于H5营销人员来说,只有了解这些平台的特征,才能在营销过程中更好地使用它们,从而更好、更快地设计出更多优秀的H5营销方案。

要点展示 >>>

- ◆ 百度H5:创意,绝不雷同
- ◆ MAKA:简单、强大的H5数字化营销工具
- ◆ 意派Epub360:无须编程,在线设计专业级H5
- ◆ 橙秀XIU:H5微场景一键生成,自由DIY
- ◆ 兔展:一站式H5数字营销平台
- ◆ 最酷:H5云场景+互动营销创作平台
- ◆ 人人秀:一站式微信活动服务平台
- ◆ 微娱:签到、互动、抽奖一站式解决
- ◆ 易企秀:极简制作流程,奢华呈现形式
- ◆ iH5:像PS作图一样来制作H5

011 百度 H5：**创意，绝不雷同**

百度 H5 是一个 H5 在线制作平台，主要依托百度贴吧等强大的社交分享平台，集制作和传播等功能于一体，其主页如图 2-1 所示。

▲图 2-1 百度 H5 主页

百度 H5 的主要功能和特点如图 2-2 所示。

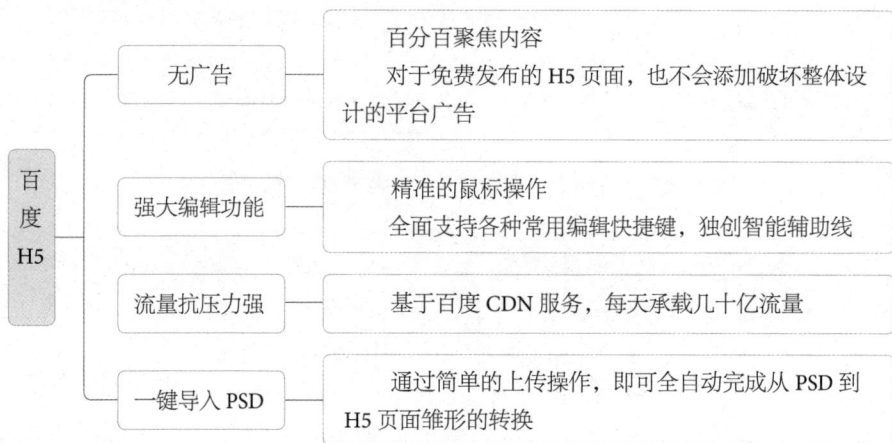

百度 H5	无广告	百分百聚焦内容 对于免费发布的 H5 页面，也不会添加破坏整体设计的平台广告
	强大编辑功能	精准的鼠标操作 全面支持各种常用编辑快捷键，独创智能辅助线
	流量抗压力强	基于百度 CDN 服务，每天承载几十亿流量
	一键导入 PSD	通过简单的上传操作，即可全自动完成从 PSD 到 H5 页面雏形的转换

▲图 2-2 百度 H5 的主要功能和特点

温馨提示　CDN（Content Delivery Network，内容分发网络），这种技术能够尽量避开那些对数据传输速度和稳定性有影响的环节，实现更快、更稳定的内容传输。

在"创意模板"页面中，提供了招聘、报名、节假、趣味测试、盘点等不同类型的模板，如图2-3所示。虽然模板的类型数量有限，但案例模板具有较高的精美度，而且紧跟市场热点。

▲图2-3 "创意模板"页面

在"用户作品"页面中，提供了推广、邀请、招牌等不同类型的模板，如图2-4所示，这里主要是一些用户的优秀作品。大家在制作H5前，也可以看看这些作品，以做参考。

▲图2-4 "用户作品"页面

👉 【案例】：《百度 UE 讲堂 APP 作品讲评会》

《百度 UE 讲堂 APP 作品讲评会》是百度 UE 讲堂推出的一个关于 APP 作品讲评会宣传的 H5 页面，如图 2-5 所示，采用邀请函的形式，这也是百度 H5 平台上出现得比较多的 H5 内容形式，主题表达比较直观、明了。

▲图 2-5 《百度 UE 讲堂 APP 作品讲评会》H5 页面

012 MAKA：简单、强大的 H5 数字化营销工具

MAKA 是一款简单、强大的 H5 数字化营销创作工具，其在线编辑器可帮助企业创作出专业级 H5 酷炫动态效果，其主页如图 2-6 所示。

▲图 2-6 MAKA 主页

MAKA 的主要功能和特色如图 2-7 所示。

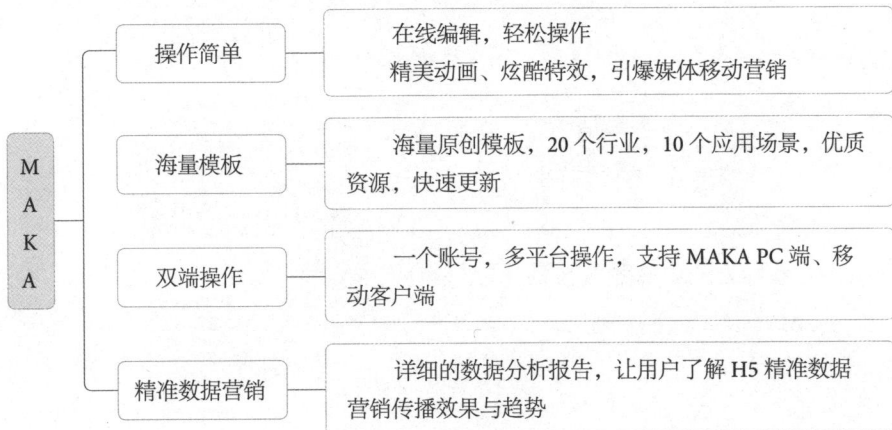

▲图 2-7 MAKA 的主要功能和特点

图 2-8 所示为 MAKA 的"H5 模板"页面，提供了非常清晰、丰富的 H5 导航功能，包括场景、行业、风格、色调、价格等多个大类目，而且每个类目下面的分类也非常详细。同时，在 MAKA 页面上方还列出了很多应季的 H5 主题模板。假设现在是 9 月，在 MAKA 页面上方将重点列出开学季、中秋佳节、谢恩师、舞蹈培训、婚礼邀请、秋季招牌等主题，这些都是 9 月比较热门的 H5 应用方向。

▲图 2-8 MAKA 的"H5 模板"页面

除了丰富的导航外，MAKA 还具有搜索功能，用户可以在搜索框中输入自己想要制作的 H5 标题，即可快速查询到相应的模板，如图 2-9 所示。

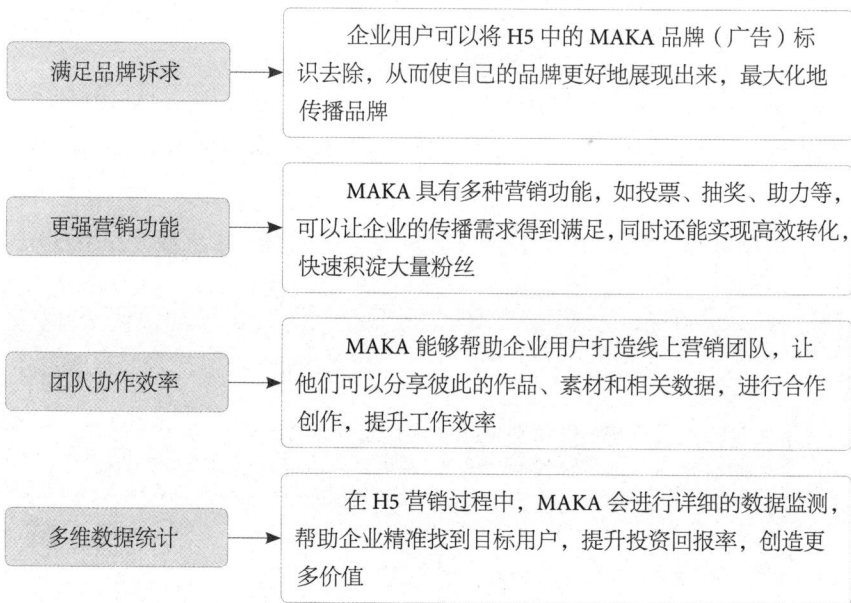

▲图 2-9 搜索 H5 模板

针对企业用户，MAKA 还推出了一系列的企业服务，如图 2-10 所示。

满足品牌诉求	企业用户可以将 H5 中的 MAKA 品牌（广告）标识去除，从而使自己的品牌更好地展现出来，最大化地传播品牌
更强营销功能	MAKA 具有多种营销功能，如投票、抽奖、助力等，可以让企业的传播需求得到满足，同时还能实现高效转化，快速积淀大量粉丝
团队协作效率	MAKA 能够帮助企业用户打造线上营销团队，让他们可以分享彼此的作品、素材和相关数据，进行合作创作，提升工作效率
多维数据统计	在 H5 营销过程中，MAKA 会进行详细的数据监测，帮助企业精准找到目标用户，提升投资回报率，创造更多价值

▲图 2-10 MAKA 的企业服务

除此之外，MAKA 还可以非常精准地覆盖包括微信、微博以及各大热门直播平台的用户，为企业带来多样化的推广渠道，使其营销活动可以直达目标用户群，如图 2-11 所示。同时，还提供了专业的顾问服务，他们会认真聆听企业的需求，分析企业的业务范围，并为企业提供有效的 H5 营销解决方案，如图 2-12 所示。

▲图 2-11 MAKA 精准覆盖用户

▲图 2-12 MAKA 提供专业的顾问服务

不同于百度 H5，MAKA 提供了 PC 端和移动端两个不同平台的 H5 制作软件，如图 2-13 所示。

▲图 2-13 MAKA 的制作软件

PC 端提供了丰富的 H5 在线编辑器功能，用户可以直接套用各种模板快速生成 H5 页面，也可以替换或修改选定的精美模板，同时还可以添加多种特效，如指纹解锁、重力感应、擦一擦等。另外，用户也可以使用 MAKA APP 修改 H5 作品的封面、标题、描述等信息，省时省力。

013 意派 Epub360：**无须编程，在线设计专业级 H5**

意派 Epub360 具有非常专业的 H5 设计功能，可以满足企业的个性化设计需求，其主页如图 2-14 所示。

▲图 2-14 意派 Epub360 主页

意派 Epub360 的主要功能和特色如图 2-15 所示。

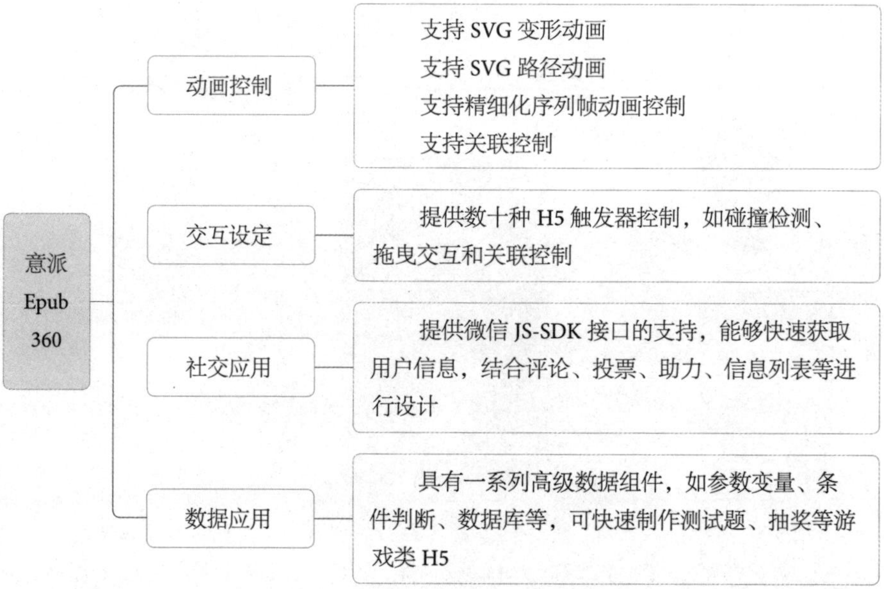

▲图 2-15 意派 Epub360 的主要功能和特色

Epub360 不但具有多样的动画设定与触发器设定功能，还可以调用微信高级接口，不需要进行编程，即可轻松设计出具有交互功能的 H5 应用场景，其核心交互组件如表 2-1 所示。

表 2-1 意派 Epub360 的核心 H5 交互组件

组件名称	功能解析	功能应用
拖曳交互组件	具有逻辑判断的拖曳组件	制作拼图、智力问答 H5 作品
HTML 组件	支持嵌入网页、html 压缩包	方便与第三方应用功能整合
SVG 路径动画	支持 SVG 矢量图形	制作描边动画
序列帧组件	支持序列帧动画控制	进行序列帧的单帧细粒度交互
参数变量组件	使交互设计具有逻辑判断	支持与或判断，提升交互级别
计时器组件	倒计时、正计时触发	可将时间纳入交互设计
微信拍照、录音	无须编程调用微信拍照接口	增强用户参与感
碰撞检测	可检测元素碰撞反馈	结合参数组件设计 H5 小游戏
信息列表组件	灵活的信息列表、游戏排行	实现排行榜、饼图、统计图表
助力、投票组件	营销传播利器	让用户参与互动传播
高级交互表单	表单数据的展示、收集、交互、管理和分析	收集用户信息
系统参数	判断用户是否关注公众号，以及识别用户的手机系统	可针对不同的用户，进行区别化设计

图 2-16 所示为 Epub360 的"模板"页面，其提供了品牌产品、轻游戏、节日活动、贺卡、邀请函、招聘、杂志、汽车、金融、商业、媒体、地产、时尚、公益等不同类型的 H5 模板。

▲图 2-16 意派 Epub360 的"模板"页面

另外，Epub360 H5 还将一些比较常用的 H5 应用场景，如答题测试、我画你猜、签到抽奖、手绘大赛、转盘抽奖、图片投票等，进行数据逻辑封装，用户只需要进行简单的逻辑配置，即可轻松享用专业级 H5 数据应用，如图 2-17 所示。对于那些完全不懂 H5 设计的人来说，绝对是一大福利。

▲图 2-17 专业级 H5 数据应用

【案例】：《明月山》

《明月山》是 Epub360 中的一个专属 H5 模板，如图 2-18 所示。《明月山》采用了疑问式的引导手法，一步步揭示明月山的神奇魅力，但前面介绍的都不是重点，最后点明其特色是温泉，实现了商业宣传，并且吸引用户兴趣与点赞。

▲图 2-18 《明月山》H5 页面

014 橙秀 XIU：**H5 微场景一键生成，自由 DIY**

橙秀 XIU 是一款 H5 微信页面制作工具，可以帮助用户制作各种营销推广专业场景，如企业宣传营销、相册、贺卡、邀请函、新品发布等，其主页如图 2-19 所示。

▲图 2-19 橙秀 XIU 主页

橙秀 XIU 的导航栏分为个人、企业、节日、行业 4 种类型。例如，点击"行业"中的"店铺"标签后，即可显示相关的 H5 模板，如图 2-20 所示。用户可以根据最新发布、使用量、浏览量来排序，找到比较热门且适合自己的 H5 模板。

▲图 2-20 橙秀 XIU 的"店铺"页面

点击相应的 H5 模板封面，即可预览其内容，如图 2-21 所示。点击"上一页"

或"下一页"按钮，可以切换查看不同的页面。

▲图2-21 预览H5模板内容

橙秀XIU的主要功能和特色如图2-22所示。

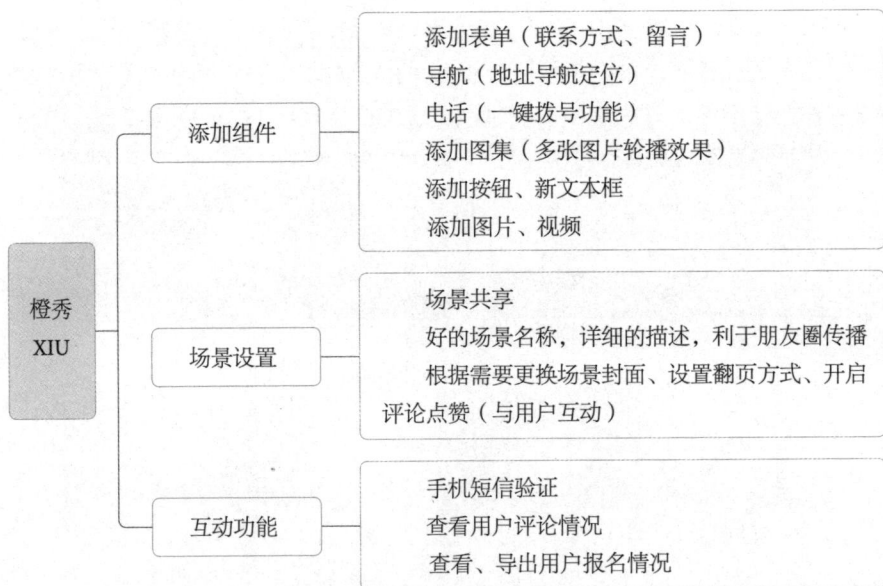

▲图2-22 橙秀XIU的主要功能和特色

开通了会员的用户，还可以在场景表单中使用手机短信验证功能，如图2-23
所示。另外，橙秀XIU还具有展示、访问数据统计的功能，在后台进入"我的场景"，

选择"更多"→"数据"选项，如图 2-24 所示，在其中即可查看场景展示、转发
量等所有数据。

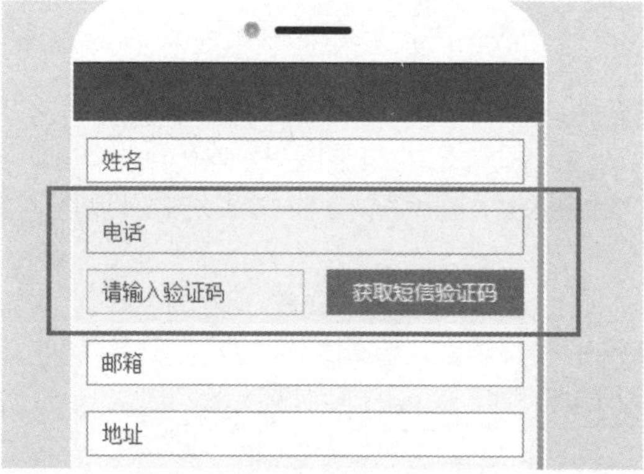

▲图 2-23 使用手机短信验证功能

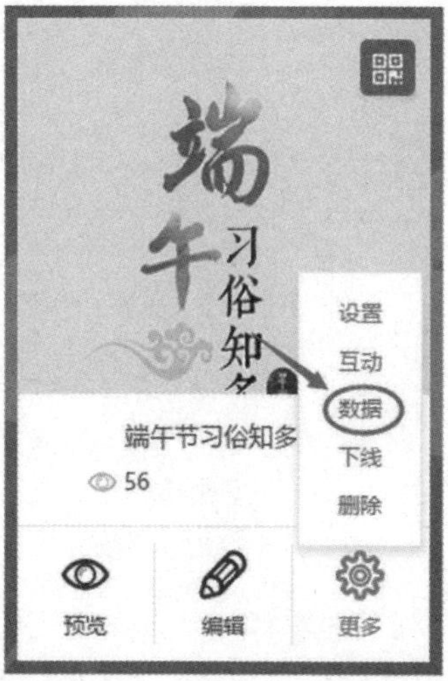

▲图 2-24 选择"数据"选项

015 兔展：**一站式 H5 数字营销平台**

兔展（rabbitpre）是一个专注于 H5 技术实现的专业制作平台，包括微场景、
微页、微杂志、微信邀请函等，帮助用户制作炫酷的移动展示。其主页如图 2-25
所示。

▲图 2-25 兔展主页

兔展的主要功能和特色如图 2-26 所示。

	热门模板： 一分钟快速 制作 H5	精品企业邀请函 热门节日活动必备 品牌推广精品 活动报名招聘精品
	海量设计： 23 万资深 设计师	提供高质量、高效益、既快捷又方便的平面 设计服务 公司化运营，团队化协作，专业级定制 提供快捷、高效的移动端自营销场景定制服务
兔展	全渠道精准 传播：释放 营销潜力	将活动发布到论坛、QQ 群、微信群、线下 实体店及其他渠道，无缝连接线上线下，并统计各 个渠道的数据，帮助企业精准筛选潜在用户
	营销有数： 以数据为 依据的营销	传播评价：自传播水平、页面水平、投放 渠道 传播数据指标：浏览量、访客量、分享率
	数字营销服务： 高效连接用户	H5 专业定制：打破常规的创意，引发共鸣的 文案和场景，个性化的视觉风格设计 品牌曝光渠道：打通微信媒介，锁定精准人群 进行投放，实现增粉引流 数字资产沉淀：分析传播分享效果，从中筛选 有效的渠道，快速刻画用户数字画像
	企业管理服务： 全面提高 管理效率	对企业的产品、用户群体以及营销场景进行 全面分析，整合和管理营销内容和渠道，加强企业 与用户的关系，并实现营销成本的降低

▲图 2-26 兔展的主要功能和特色

兔展的 H5 模板主要包括场景模板、一页模板、视频模板、企业专区等类型，如图 2-27 所示，为兔展 H5 的推荐模板。

▲图2-27 兔展的推荐模板

（1）场景模板： 汇集了各种 H5 的常见应用场景，如企业招聘、企业宣传、会议邀请、产品介绍、报名培训、品牌推广、节日推广、数据报告、事件祝福、新品发布、周年庆等，也可以根据行业、热点和个人等条件来筛选，如图2-28所示。

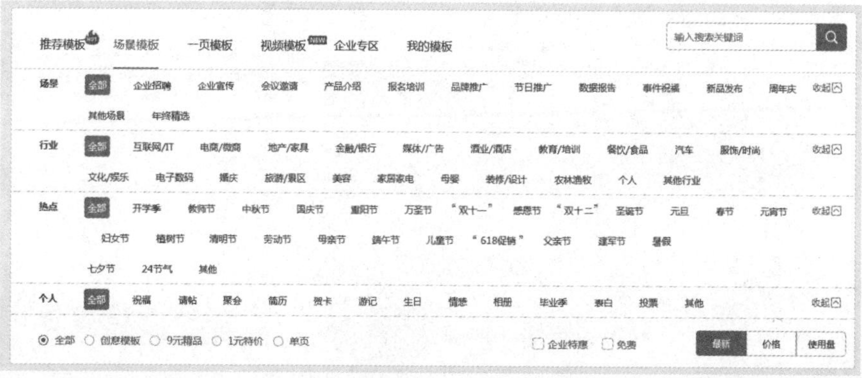

▲图2-28 场景模板导航

温馨
提示

在模板导航的底部，用户也可以通过设置全部、创意模板、9元精品、1元特价、单页、企业特惠、免费、价格、使用量等筛选条件，精准找到自己需要的模板。

（2）一页模板： 移动推广，一页到底。这里主要是一些 H5 长页面，通常以静态展示为主，如图2-29 所示。

▲图 2-29 一页模板

（3）**视频模板：**包括企业招聘、企业宣传、产品介绍、品牌推广、电商推广、社交传播等不同场景的视频模板，版面分为横屏、竖屏和方形；按视频时长来分30 秒以上、10~30 秒、10 秒以下。图 2-30 所示为一个横屏、时长为 47 秒的视频模板。

▲图 2-30 视频模板

（4）**企业专区：**企业用户可以购买相应套餐，享受更多的企业服务，包括各种精选的限时免费模板、共享企业模板和素材，以及使用大数据进行 H5 传播分析。

👉 【案例】：《兔展"兔大师"——更专业的场景营销众包平台》

《兔展"兔大师"——更专业的场景营销众包平台》是由兔展平台推出的一个"兔大师"宣传页面，如图 2-31 所示。这个 H5 主要介绍了"兔大师"的一些功能优势，如专业的场景营销众包平台、数量众多的专业"兔大师"制作的酷炫精美 H5，以及数十万企业的 H5 定制需求等。对于一些擅长 H5 设计的设计者来说，也可以加盟"兔大师"平台，通过发布优秀作品来获得收益。

▲图 2-31 《兔展"兔大师"——更专业的场景营销众包平台》H5 页面

016 最酷：H5 云场景 + 互动营销创作平台

最酷网是一个移动场景应用云服务平台，专注新媒体互动营销，为企业提供精准的商业移动化解决方案，通过"云场景 + 服务平台"重构企业与人的商业链接，让企业营销转化率得到提高，其主页如图 2-32 所示。

▲图 2-32 最酷网主页

最酷网的主要功能和特色如图 2-33 所示。

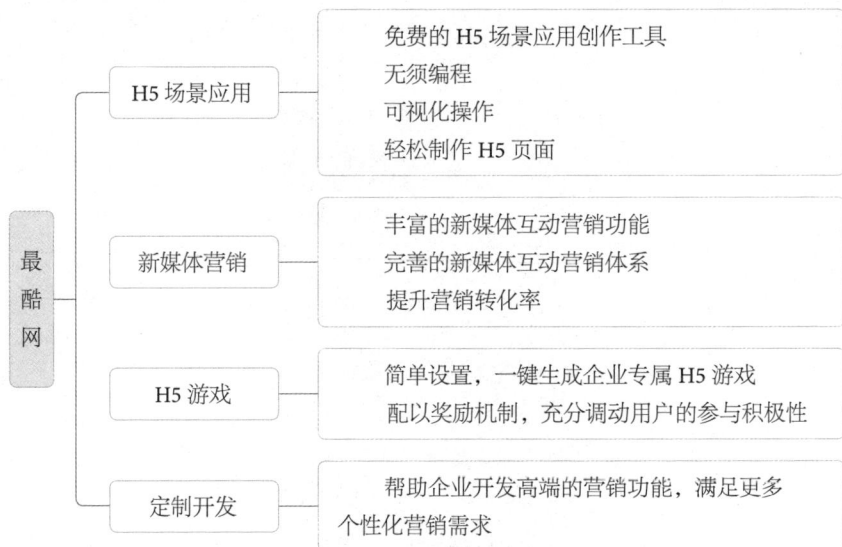

最酷网
- H5 场景应用
  - 免费的 H5 场景应用创作工具
  - 无须编程
  - 可视化操作
  - 轻松制作 H5 页面
- 新媒体营销
  - 丰富的新媒体互动营销功能
  - 完善的新媒体互动营销体系
  - 提升营销转化率
- H5 游戏
  - 简单设置，一键生成企业专属 H5 游戏
  - 配以奖励机制，充分调动用户的参与积极性
- 定制开发
  - 帮助企业开发高端的营销功能，满足更多个性化营销需求

▲图 2-33 最酷网的主要功能和特色

图 2-34 所示为最酷网的 H5 场景应用案例页面，分为案例展示、模板展示、活动专题 3 大板块。其中又以行业、企业、个人、节假日等不同对象进行区分，而且还提供了 H5 模板和案例的搜索功能，并且针对不同的应用场景和内容展现形式，提供了海量的模板、丰富的控件以及灵活的动画特效。

▲图 2-34 H5 场景应用案例页面

在"活动专题"页面中，设计者可以参与 H5 的设计大赛，在最酷网后台制作

完成作品并直接提交即可参赛。图 2-35 所示为以"感恩母亲节"为主题的 H5 云
场景设计大赛。

▲图 2-35 "感恩母亲节"H5 云场景设计大赛

👉 **【案例】：《母亲节，妈妈我爱你！》**

参赛者可以设计一些与母亲节相关的 H5 作品，内容形式可以为 H5 贺卡、节
日祝福、活动促销等，同时最酷网也呼吁用户在其中进行品牌植入，并对优秀作
品进行评选和奖励。

例如，《母亲节，妈妈我爱你！》通过一系列感人的图片和文案，引发读者共鸣，
并在最后进行品牌植入推广，如图 2-36 所示。

▲图 2-36 《母亲节，妈妈我爱你！》H5 作品

017 人人秀：**一站式微信活动服务平台**

人人秀可以帮助用户制作各种 H5 页面、微场景、创意海报、微杂志、微信邀请函、场景应用、微信贺卡，即使是不懂设计、不会编程的新手，也可以快速上手，其主页如图 2-37 所示。

▲图 2-37 人人秀主页

人人秀的主要功能和特色如图 2-38 所示。

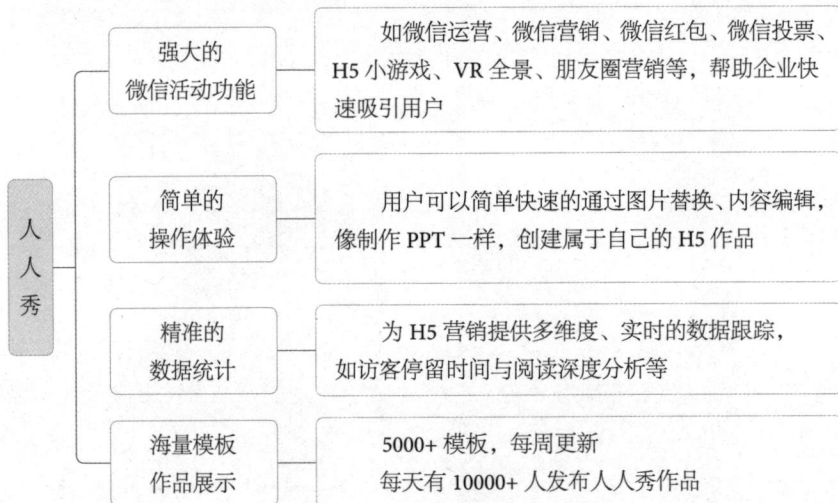

▲图 2-38 人人秀的主要功能和特色

人人秀的"产品中心"页面中提供了 100 多种营销插件，如微信红包、大转盘抽奖、照片投票、VR 全景、微信卡券、问卷调查、小游戏等，用户通过简单的拖拽操作，即可轻松使用这些插件，实现更好的营销功能，如图 2-39 所示。

▲图 2-39 人人秀的"产品中心"

在"模板商店"页面中，人人秀按照 H5 的用途、行业、功能和活动费用进行分类，导航功能非常全面、清晰，而且还支持自定义搜索功能，如图 2-40 所示。同时，针对新用户和企业会员等不同层次的用户，还提供了相关的福利，极大地增加了对用户的吸引力。

▲图 2-40 人人秀的"模板商店"

在"作品秀"页面中，列出了许多互联网、影视、银行、航空、家电、教育等不同行业的优秀企业 H5 营销方案，如华为、腾讯、百度、阿里巴巴、口碑网、爱奇艺、网易等，以帮助用户更好地了解和学习这些企业的营销特色，如图 2-41 所示。

▲图 2-41 人人秀的"作品秀"

👉 【案例】：《华为网络技术大赛》

《华为网络技术大赛》是华为公司面向高校学生举办的大型技术竞赛，也是通过人人秀平台开发的 H5 营销活动，如图 2-42 所示。《华为网络技术大赛》这个 H5 主要是一些静态信息的展示，但也运用了模拟弹幕的内容形式，展现出大赛的火热氛围。

▲图 2-42 人人秀的 H5 营销案例

另外，人人秀的"欢乐现场"板块为用户提供一站式的现场活动营销服务，如图 2-43 所示。

▲图 2-43 "欢乐现场"的主要服务

"欢乐现场"板块主要适用于年会、会议、酒吧、婚礼、商业活动、培训、赛事、校园等不同的场景，为企业提供线上线下的全方位营销方案。图 2-44 所示为"欢乐现场"的效果演示。

▲图 2-44 "欢乐现场"的效果演示

> 在人人秀平台发布作品成功后，会自动跳转至分享推广界面，同时会出现作品打分，人人秀系统将会从作品丰富度、功能丰富度、作品安全度、浏览流畅度、版权完整度等多个方面对作品进行一个综合测评，以帮助设计者更好地修改和完善作品。

温馨提示

018 微娱：签到、互动、抽奖一站式解决

微娱是一个 H5 营销定制平台，其主要业务是 H5 游戏的定制开发，企业可以

通过这个平台开发一些定制的 H5 小游戏，将其植入到微信进行宣传推广，从而吸引用户关注，培养潜在客户，其主页如图 2-45 所示。

微信互动游戏平台领跑者

▲图 2-45 微娱主页

微娱的主要功能和特色如图 2-46 所示。

▲图 2-46 微娱的主要功能和特色

微娱的导航栏也非常灵活，而且筛选方式多种多样，包括日历、场景、促销增粉、游戏类型、热门技术等类别，用户可以在其中选择想要的标签，寻找适合的 H5 模板，如图 2-47 所示。

▲图2-47 微娱的导航功能

微娱提供了全新的 VR、AR、3D 等 H5 互动玩法。

（1）VR（虚拟现实）： 通过模拟出一个完全虚拟的 3D 封闭空间，以及视觉、听觉、触觉等，让用户能够沉浸在这个虚拟世界中，获得身临其境般的体验，如图 2-48 所示。

▲图2-48 利用 VR 技术设计的H5 场景

（2）AR（增强现实）： 通过将虚拟世界和实际场景相结合，用户可以在实际场景中与虚拟世界进行互动，带来极强的沉浸感。

（3）3D 技术： 在 H5 场景中加入 3D 技术，可以让观众更有身临其境的感觉，从而获得完美的互动体验。

👉 【案例】：《Run！7号皇牌》

　　《Run！7号皇牌》是一个密室逃脱类的 H5 小游戏，通过丰富的画面颜色，加上扁平风格制作的三维效果，呈现出非常立体的空间感，如图 2-49 所示。

▲图 2-49 《Run！7号皇牌》H5 页面

　　主要的游戏过程是让用户在这个三维空间的密室中找到 Yun OS 产品上的白点，获取其中的数字来解码，如图 2-50 所示。

▲图 2-50 寻找数字

　　《Run！7号皇牌》的画面非常灵活，同时封闭的空间让用户产生一些紧迫感、神秘感，激发大家的探索欲。此外，《Run！7号皇牌》中植入了一系列的品牌和产品，图 2-51 所示为荣威汽车的产品植入 H5 页面。

▲图2-51 荣威汽车的产品植入H5页面

另外，微娱还开发了很多H5营销小游戏，可以帮助企业快速推广引流，通过微信朋友圈形成爆发式扩散传播。

019 易企秀：**极简制作流程，奢华呈现形式**

易企秀提供海量H5场景模板，可以帮助用户轻松制作H5，其主页如图2-52所示。

▲图2-52 易企秀主页

易企秀的主要功能和特色如图2-53所示。

```
                ┌─ 品牌展示全面，          ┌─ 自定义加载 LOGO
                │  助力品牌形象     ────────┤  独立域名
                │  多维呈现                 └─ 去尾页标识
                │
                │                          ┌─ 防刷单功能，严防"灌水"
                │  强大编辑，想             │  添加长页面，呈现形式更多元
        易      │  做的都在里面    ────────┤  一键导入 PSD，高效制作精致效果
        企  ────┤                          │  禁止滑动翻页，加强营销引导性
        秀      │                          └─ 编辑区自由缩放，精细画面设计
                │
                │                          ┌─ 包括旅游、家装、婚庆、地产、汽车、餐饮、
                │  行业专属模板    ────────┤  金融、教育等多个行业，让营销人员可以从容应对
                │                          └─ 各种企业营销刚需
                │
                │  专属保障服务，          ┌─ 场景保障服务
                └─ 为场景推广      ────────┤  场景审核服务
                   保驾护航                 └─ VIP 专属私人服务
```

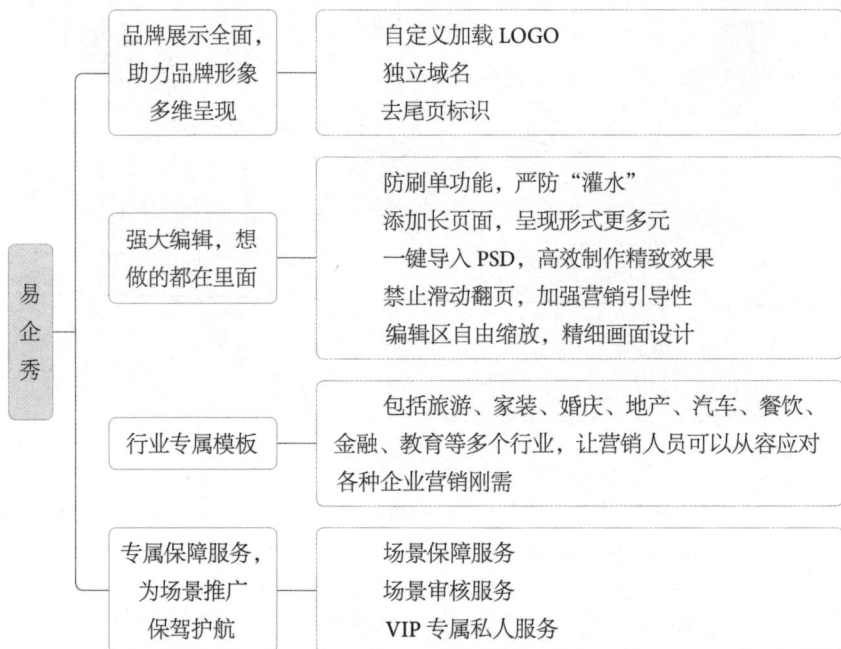

▲图 2-53 易企秀的主要功能和特色

下面对易企秀中的一些特殊功能进行相关介绍。

（1）自定义加载 LOGO 功能：用户可以将载入 H5 场景时的易企秀 LOGO，替换为自己企业品牌 LOGO 或自定义图片，生动传播第一印象，彰显品牌实力。

（2）独立域名：包括自定义场景链接、优化爬虫结果、占领搜索引擎高地。

> 温馨提示
>
> 网络爬虫是一种按照一定的规则自动地抓取万维网信息的程序或脚本。例如：百度的网络爬虫就叫作 BaiduSpider。

（3）去尾页标识：去除场景默认尾页提示，加强让传播内容保持整体性，从而更好地突出品牌概念。

（4）场景保障服务：易企秀具有单独的场景服务器及 CND 加速服务，可以让 H5 场景的访问更迅速、更稳定，全面保障传播路径。

（5）场景审核服务：双重审核机制辅助规避传播平台内容限制风险，并且具有场景前置审核、审核关闭短信提醒、驳回加急审核等功能。

（6）VIP 专属私人服务：包括专享客服热线及会员培训等，高效解决 H5 制作及其他使用问题。

图 2-54 所示为易企秀的"免费模板"页面，具有完善的导航功能和搜索功能，同时模板的热度非常高，用户使用体验良好。

▲图 2-54 易企秀的"免费模板"页面

除了 H5 模板外，易企秀还提供了较为完整的移动互联网推广方案，包括移动 APP 联盟广告、手机 QQ 广告、朋友圈广告、手机 QQ 浏览器广告、手机腾讯网广告、商业 WiFi 整合广告等，如图 2-55 所示。

▲图 2-55 易企秀的推广方案

另外，易企秀还借鉴了自媒体的运营模式，加入"秀场""秀客"等平台，帮助优秀的 H5 设计师聚集粉丝，吸引企业关注，增加收入，如图 2-56 所示。

▲图2-56 "秀客"平台

"秀客"的H5作品多为原创,且其中多为定制场景,如企业广告营销、招聘信息、企业品牌故事、产品推广信息、企业营销故事或易企秀官方活动场景等。

☞ 【案例】:《最美的时光,让我陪你一起度过》

例如,《最美的时光,让我陪你一起度过》就是发布在易企秀"秀场"平台上的一个H5作品,如图2-57所示。这个H5作品在最后一页进行品牌宣传,以母亲节为热点主题,形成借势营销,可以让品牌植入悄然无声。

▲图2-57 《最美的时光,让我陪你一起度过》H5作品

020 iH5：像 PS 作图一样来制作 H5

iH5 是一套完全自主研发的 H5 设计工具，用户可以在线编辑网页交互内容，作品支持各种移动端设备和主流浏览器。其主页如图 2-58 所示。

H5
Designer
代码实现交互效果

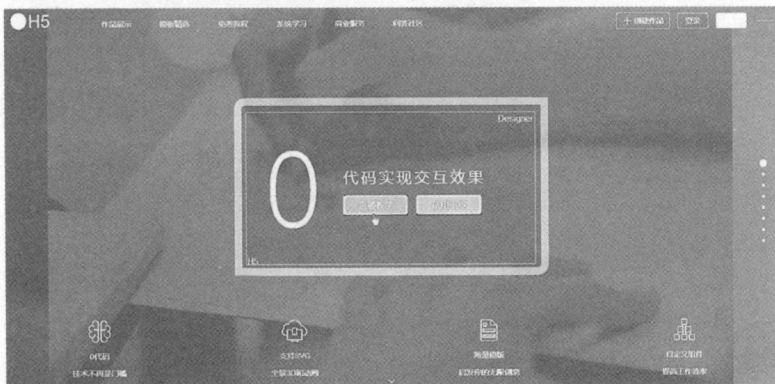

▲图 2-58 iH5 主页

iH5 的主要功能和特色如图 2-59 所示。

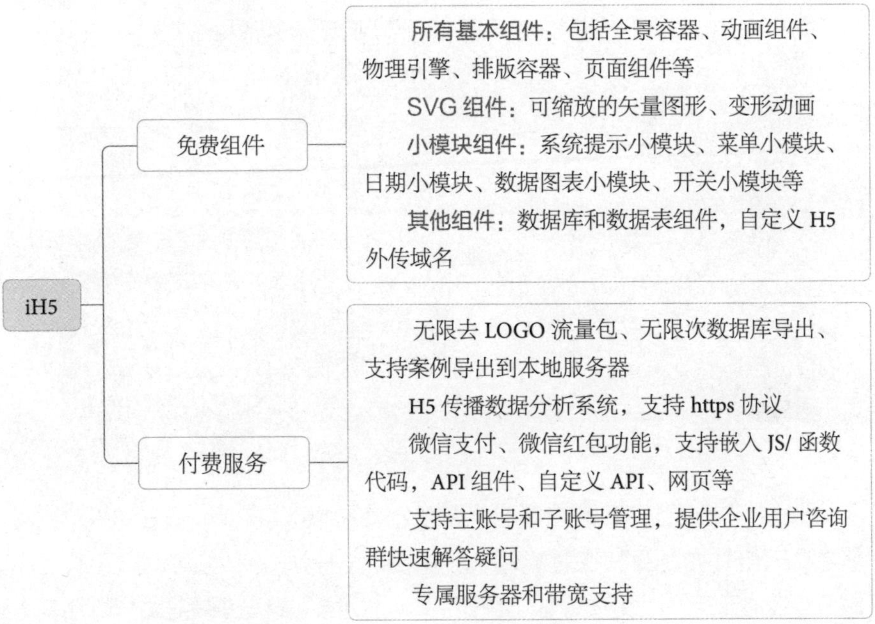
iH5
免费组件
所有基本组件：包括全景容器、动画组件、物理引擎、排版容器、页面组件等
SVG 组件：可缩放的矢量图形、变形动画
小模块组件：系统提示小模块、菜单小模块、日期小模块、数据图表小模块、开关小模块等
其他组件：数据库和数据表组件，自定义 H5 外传域名
付费服务
无限去 LOGO 流量包、无限次数据库导出、支持案例导出到本地服务器
H5 传播数据分析系统，支持 https 协议
微信支付、微信红包功能，支持嵌入 JS/ 函数代码，API 组件、自定义 API、网页等
支持主账号和子账号管理，提供企业用户咨询群快速解答疑问
专属服务器和带宽支持

▲图 2-59 iH5 的主要功能和特色

iH5 提供了类别和场景两个基本的导航功能，它的素材筛选菜单比较丰富，包

括翻转切换展示、全景展示、助力、转场效果、手机端滑动出现、弹窗效果、交互视频、对折翻页、旋转菜单等诸多类型，如图 2-60 所示。

▲图 2-60 iH5 的模板精选页面

iH5 是一款无须下载的 H5 设计开发工具，采用了物理引擎、数据库、直播流、SVG、Web APP、多屏互动等技术，为用户带来一站式的 Web APP 平台解决方案。图 2-61 所示为 iH5 的应用领域。

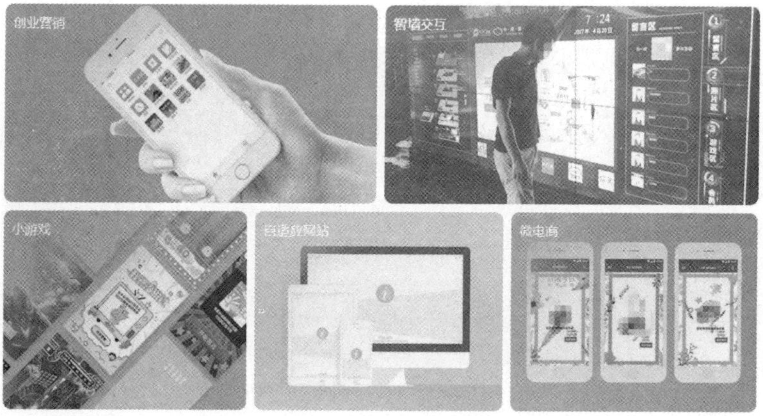

▲图 2-61 iH5 的应用领域

iH5 的制作界面与 PS 比较类似，如图 2-62 所示。在 iH5 最右边是对象树，它就是 PS 软件中的图层。在对象树中，包括图片、视频、序列帧等素材元素，页面、对象组等容器元素，以及时间轴、数据库等功能元素，这些都是构成 H5 的基本元素。这些对象以树形的结构层层组织在一起，就构成了一个 H5 的骨架。当然，要搭建这个骨架，我们需要使用到最左边的工具栏，其位置也与 PS 工具栏的类似，可以用来创建 H5 中的各种对象，像 PS 作图一样来制作 H5。

▲图 2-62 iH5 的制作界面

☞ 【案例】：酷狗音乐

　　下面来看一个由 iH5 制作而成的 H5 作品，如图 2-63 所示。首先，这是一种借势营销的手法，用户可以选择新歌声中的歌曲来演唱，随后，页面中会出现导师听歌时的相关视频，画面逼真、有趣，且这种音频与视频的交互可以给用户带来较好的互动体验。

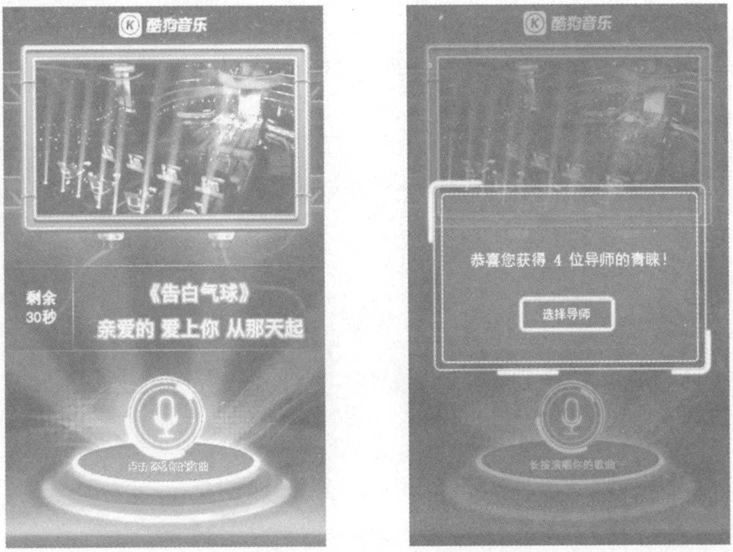

▲图 2-63 酷狗音乐 H5 页面

第3章

营销流程：
H5 营销如何进行策划

学前提示 >>>

　　了解了 H5 的基本类型和制作平台后，接下来我们就可以试着动手做一个 H5 作品了。本章主要介绍 H5 营销的主要流程，包括定目标、找热点、写策划、交互设计、视觉设计、程序开发、程序测试、活动上线以及效果分析等几个部分。

要点展示 >>>

- ◆ 定目标：明确的单一目标有利于实现
- ◆ 找热点：让整个活动更加流畅
- ◆ 写策划：一份详尽的策划必不可少
- ◆ 交互设计：考虑 H5 的所有细节流程
- ◆ 视觉设计：沟通企业—商品—消费者
- ◆ 程序开发：靠谱、有规划、有经验
- ◆ 程序测试：认真检测和体验所有流程
- ◆ 活动上线：做好客服工作和营销推广
- ◆ 效果分析：分析和总结 H5 营销活动

021 定目标：**明确的目标有利于实现**

首先，我们需要制定一个目标，即要做一个怎样的 H5，用这个 H5 来实现什么么目标，只有制定明确的目标，才有利于实现，如图 3-1 所示。

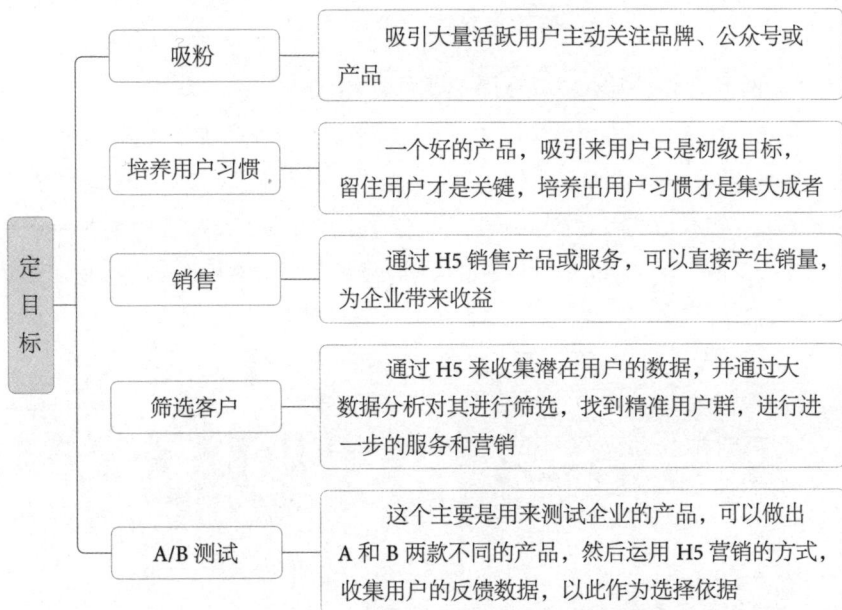

定目标	吸粉	吸引大量活跃用户主动关注品牌、公众号或产品
	培养用户习惯	一个好的产品，吸引来用户只是初级目标，留住用户才是关键，培养出用户习惯才是集大成者
	销售	通过 H5 销售产品或服务，可以直接产生销量，为企业带来收益
	筛选客户	通过 H5 来收集潜在用户的数据，并通过大数据分析对其进行筛选，找到精准用户群，进行进一步的服务和营销
	A/B 测试	这个主要是用来测试企业的产品，可以做出 A 和 B 两款不同的产品，然后运用 H5 营销的方式，收集用户的反馈数据，以此作为选择依据

▲图 3-1 H5 的目标

对于 H5 营销来说，制定一个明确的目标是非常重要且必不可少的一环，没有目标的营销就像无头苍蝇一样，很难找到正确的方向。

H5 营销的最终目标是获取用户，制定目标的切入点主要是从用户的角度出发，提出并解决相关问题，如图 3-2 所示。不同企业的 H5 营销，在目标用户定位上也是不同的。

温馨提示 在常见的做法中，制定目标的切入点还可以从借鉴的角度出发。针对部分已经获得成功的 H5 作品进行分析，获得其设计的精华，从而确定其中的一个点，进行差异化创新。

用户标签	→ 哪些用户群体属于 H5 的最终用户
用户需求	→ 用户使用 H5 的根本需求有哪些

用户使用	→	如何让特定的用户群体使用 H5
用户延伸	→	未来的 H5 能否在用户功能上进行延伸

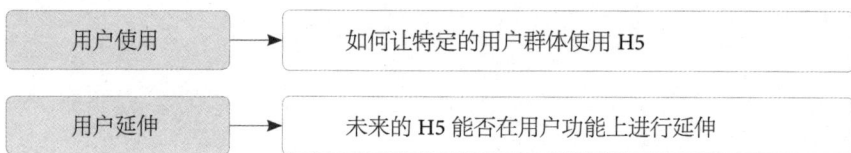

▲图 3-2 制定 H5 营销目标切入点

【案例】：《东风雪铁龙三省联动团购邀请函》

《东风雪铁龙三省联动团购邀请函》是一个以吸粉和销售为目标的 H5 作品，如图 3-3 所示。这个 H5 首先介绍了相关的购车优惠和到店礼品，如狂喜钜惠礼、守时到店礼、超值订车礼、抢单加码礼、惊喜不停礼等，吸引有购车需求的用户进一步点击了解。在该 H5 中介绍了东风雪铁龙旗下的多款主推车型，并运用在线表单的形式让用户可以快速预约报名，吸引他们到线下实体店看车、订车、购车。

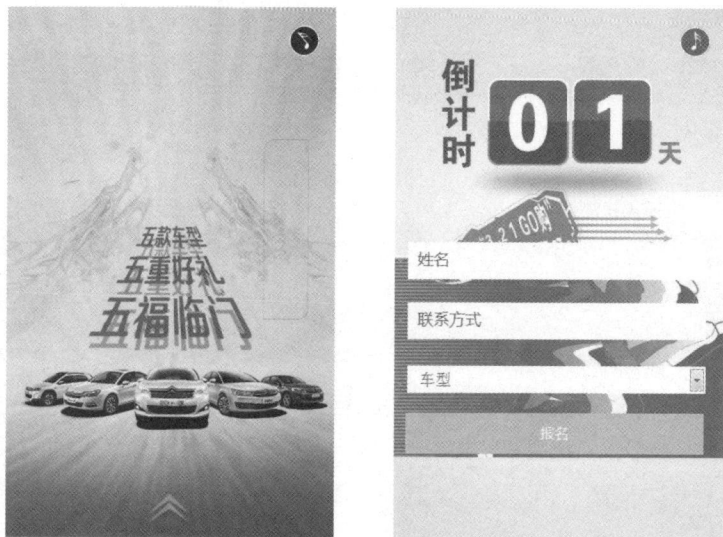

▲图 3-3 《东风雪铁龙三省联动团购邀请函》H5 页面

022 找热点：让整个活动更加流畅

H5 营销的有效时间通常不长，因此我们在制定营销方案时，一定要紧扣当下的市场热点，这样可以让营销活动更加自然地出现在人们的视野中，而且更容易被大家主动搜索和接受。找热点的主要方法如图 3-4 所示。

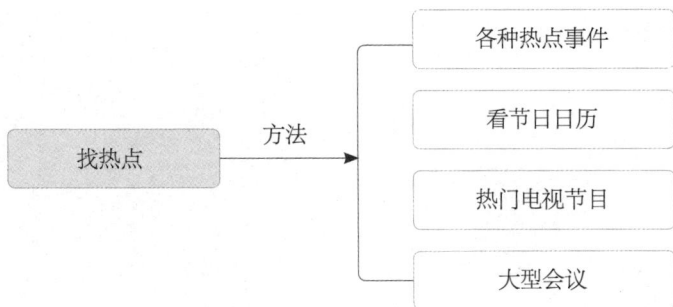

▲图3-4 找热点的主要方法

例如，我们可以在日历中查看9~10月有哪些节假日，图3-5所示为9~10月的日历，可以看到有教师节、国庆节、中秋节、重阳节等节日，因此我们在制作H5时即可借助这些节日来做营销活动。

▲图3-5 在日历中找热点

H5营销想要抓住用户的眼球，就需要让用户对此感兴趣，当然，大多数用户感兴趣的多为热点话题。例如，时事热点、热播电视剧、热播综艺节目等。

同时，一个有吸引力的标题也非常重要，可以说，H5标题的重要性就犹如企业的LOGO，它是整个H5作品的核心，它的好坏直接影响H5营销的效果。

将时事热点和H5营销相结合，或者直接把热点内容嵌入到H5标题中，能够对用户产生更大的吸引力。

👉 【案例】：《情满中秋》

《情满中秋》就是趁着中秋节这个热门节日期间推出的一个H5营销活动，如图3-6所示。这个H5就是将产品与中秋节相结合的产物，首先看H5的标题，标题直接点出即将到来的中国传统节日——中秋节，吸引用户的注意，接着在正文中，从中秋节的传统历史出发，逐渐引出产品——月饼。

▲图 3-6 《情满中秋》H5 作品

在 H5 的内容中，加入了很多节日优惠信息和活动介绍，如砸金蛋赢大奖、加会员得积分、新品首发 5 折、限名额充值送礼、进店有礼等，以刺激用户购买产品，如图 3-7 所示。

▲图 3-7 使用各种节日活动来吸引用户购买产品

023 写策划：**一份详尽的策划必不可少**

在制作 H5 的策划书时，我们需要尽量考虑到营销活动过程中的方方面面，并做好资金预算，保证营销活动能够按照计划一步步落地实施。H5 策划的主要内容如图 3-8 所示。

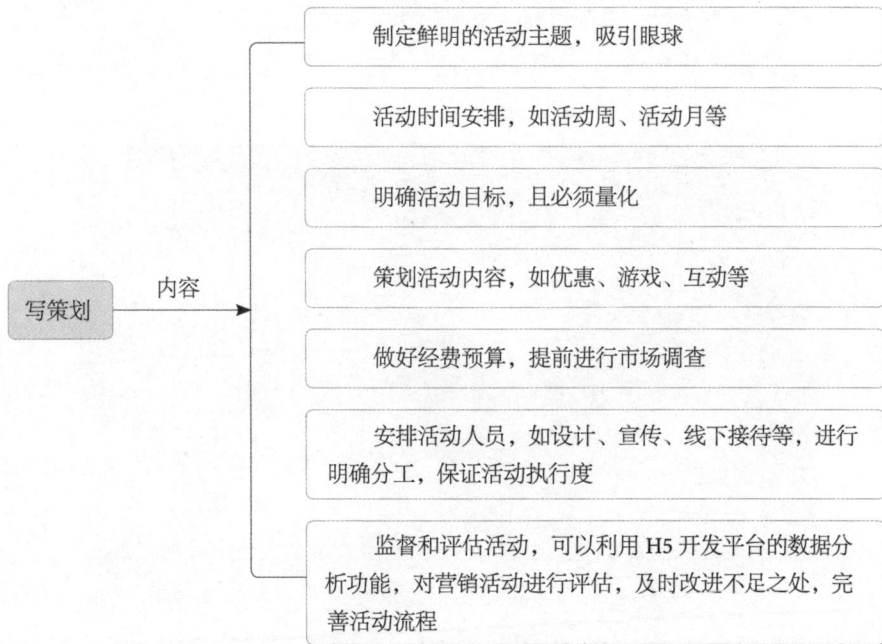

		制定鲜明的活动主题，吸引眼球
		活动时间安排，如活动周、活动月等
		明确活动目标，且必须量化
写策划	内容	策划活动内容，如优惠、游戏、互动等
		做好经费预算，提前进行市场调查
		安排活动人员，如设计、宣传、线下接待等，进行明确分工，保证活动执行度
		监督和评估活动，可以利用 H5 开发平台的数据分析功能，对营销活动进行评估，及时改进不足之处，完善活动流程

▲图 3-8 H5 策划的主要内容

当然，现在很多中小型企业都是采用外包的形式，寻找一些专业的平台或公司进行 H5 策划，如图 3-9 所示。

▲图 3-9 搜索 H5 策划服务

024 交互设计：**考虑 H5 的所有细节流程**

交互设计是 H5 营销的重中之重，我们必须以用户体验为基本出发点来进行开发，着重设计 H5 的所有细节流程，尽可能将如何做活动、用户如何参与、具体游戏规则等都介绍清楚，让用户的互动体验更加顺利流畅。

下面以人人秀为例，介绍设置抽奖活动的具体方法。

（1）首先要新建一个人人秀 H5 场景，并制作好作品的背景，单击屏幕最右侧的"互动"按钮，如图 3-10 所示。

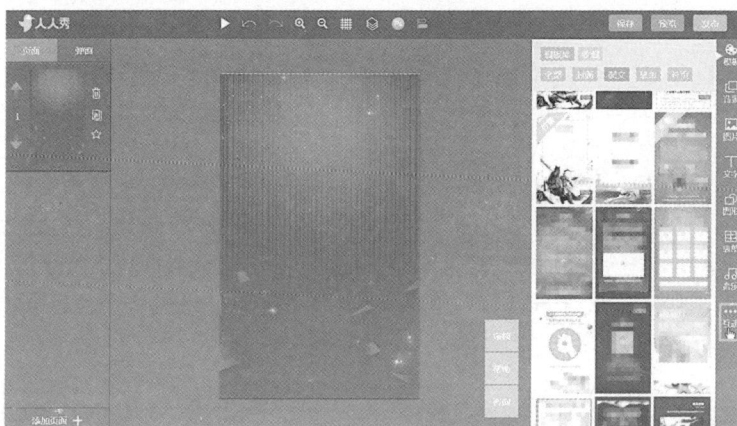

▲图 3-10 单击"互动"按钮

（2）在互动菜单中单击"抽奖"标签，添加抽奖插件，如图 3-11 所示。

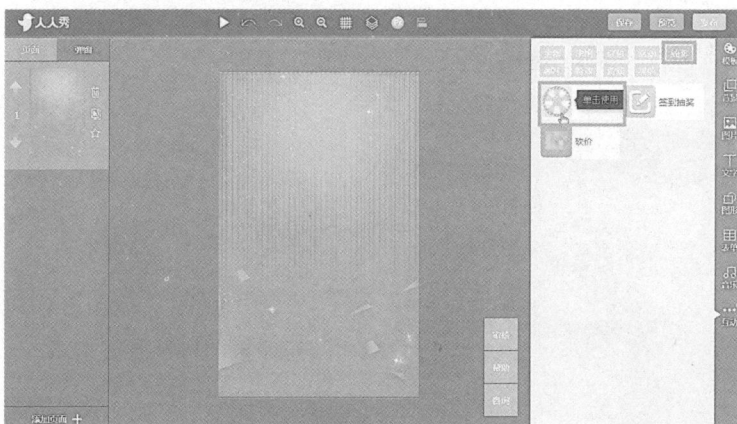

▲图 3-11 单击"抽奖"标签

（3）添加抽奖插件后，单击右侧的"抽奖设置"按钮，来完善 H5 营销的抽奖互动活动，否则抽奖活动将无法顺利进行，如图 3-12 所示。

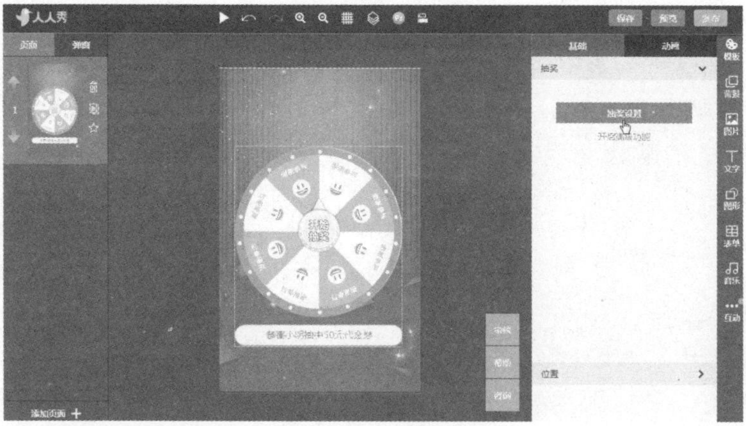

▲图 3-12 单击"抽奖设置"按钮

（4）首先是基本设置，包括填写活动名称、设置开始时间和结束时间以及显示方式，如图 3-13 所示。需要注意的是，活动名称将是制作者在后台查看数据时的分组依据，必须准确填写；如果参与者的参与时间不在设置的范围内，则将无法参与抽奖活动。在"显示方式"菜单中，有转盘、九宫格、摇一摇等三种不同的抽奖方式可供选择。

（5）其次是奖品设置，包括奖品名称、奖品类型、奖品数量、中奖概率等，如图 3-14 所示。

▲图 3-13 基本设置

▲图 3-14 奖品设置

（6）奖品类型有非奖品、实物奖、兑奖券、红包、微信卡券、第三方发奖六种。选择奖品类型后会出现相应的奖品设置，若想要更改设置，可单击右侧"+"进行更改。例如，在奖品类型中选择"实物奖"选项，还可以设置兑奖方式、领奖人信息以及中奖提示等选项，如图 3-15 所示。

（7）在奖品设置中，最左侧的笑脸可以用来替换奖品图片，如图 3-16 所示。制作者可以单击笑脸上传自制的商品图标和兑奖券图标，图片标准大小为 50×50 像素，超过大小则会被自动压缩，只要图片不过大，都不会有失真效果，用户可以放心上传。

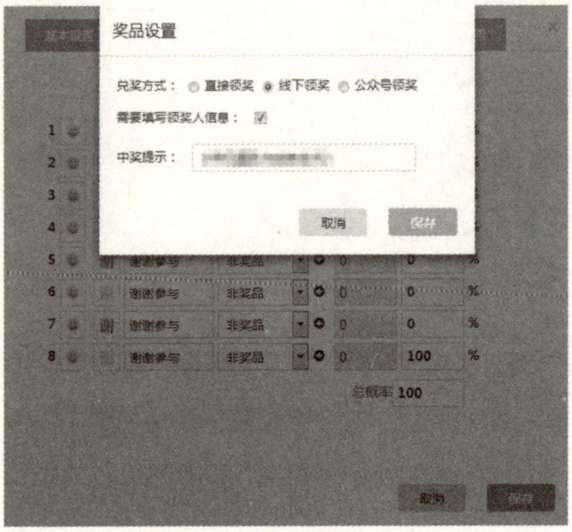

▲图 3-15 "实物奖"设置

▲图 3-16 替换奖品图片

（8）在抽奖设置中，制作者可以分别对参与者的抽奖次数、中奖次数和总中奖次数 3 个选项进行设置，如图 3-17 所示。

（9）在领奖设置中，可以在此选择所需要的参与者信息，如图 3-18 所示。当鼠标移动到领奖信息的某个选项上时，会显示此项的详细介绍。参与者在领奖时，需要先填写领奖信息表单。

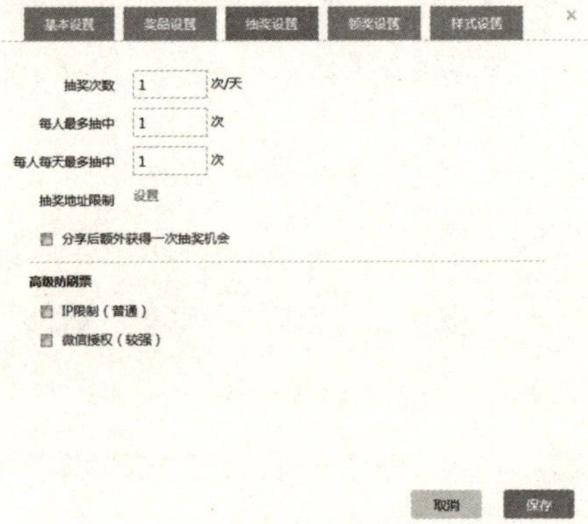

▲图 3-17 抽奖设置

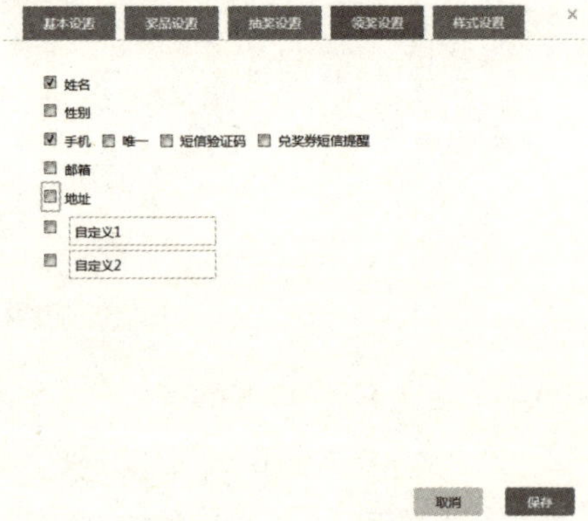

▲图 3-18 领奖设置

（10）最后是样式设置，可以让设计的抽奖活动更加独特，如图3-19所示。

（11）设置完成后，单击"保存"按钮保存即可，如图3-20所示。

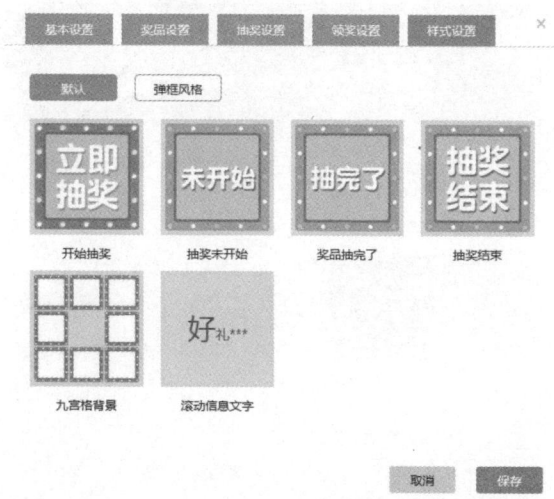

▲图3-19 样式设置

▲图3-20 保存设置

（12）制作完成后，可以预览抽奖活动的效果，如图3-21所示。奖品图片不仅显示在大转盘中，参与者在领取奖品时也能看到。

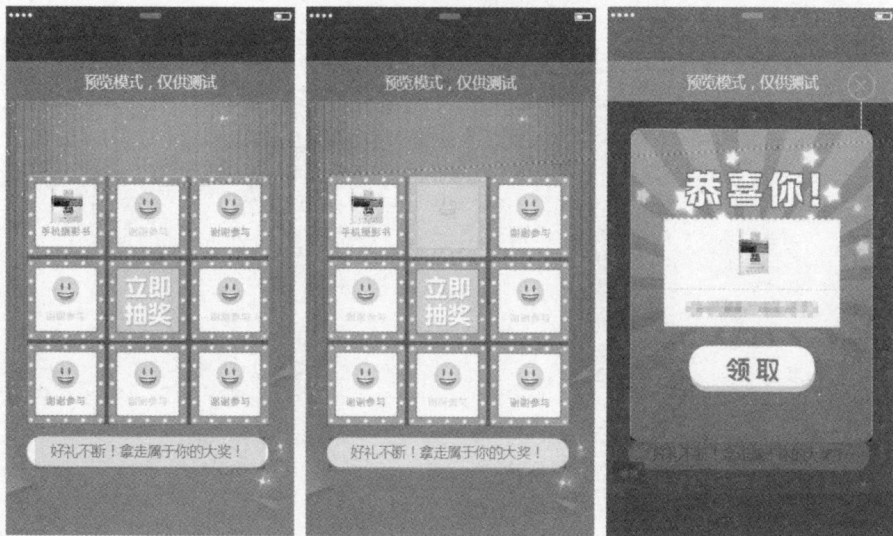

▲图3-21 预览抽奖活动的效果

（13）单击"领取"按钮，即可根据提示填写领奖信息，如图3-22所示。

（14）制作者还可以通过二维码或链接的形式,来分享 H5 的抽奖活动,如图 3-23 所示。

▲图 3-22 填写领奖信息

▲图 3-23 分享 H5 抽奖活动

（15）除了按上述方式设置抽奖插件外,还可以套用人人秀平台准备好的精美、便捷的模板,如图 3-24 所示。

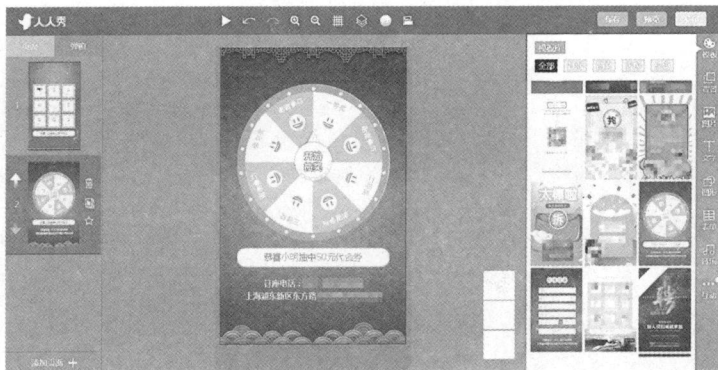

▲图 3-24 套用模板

H5 营销带有的商业标志及强烈的盈利性质,在一定程度上缩小了 H5 作品的参与者定位范围,但是通过兴趣点进行互动仍然是营销的重要途径,如抽奖、红包和小游戏等,这些都是吸引参与者的主要方式。

025 视觉设计：**沟通企业—商品—消费者**

视觉设计主要是用来吸引制作者眼球的，制作者可以通过对 H5 中的图片、文字、音乐、视频等内容进行视觉化设计，增加 H5 作品的美感，使其更加赏心悦目。

下面以人人秀为例，介绍一些视觉设计的基本方法。

（1）登录人人秀官网，单击"进入个人中心"按钮，如图 3-25 所示。

（2）在打开的窗口中单击左侧的"＋"号，创建新的 H5 页面，如图 3-26 所示。

▲图 3-25 单击"进入个人中心"按钮

▲图 3-26 单击左侧的"＋"号

（3）在弹出的窗口中选择"空白模板"或"模板市场"，如图 3-27 所示。

（4）若选择"模板市场"，页面则会跳转到模板商店，制作者可以在模板商店中选择自己喜欢的模板进行套用，如图 3-28 所示。

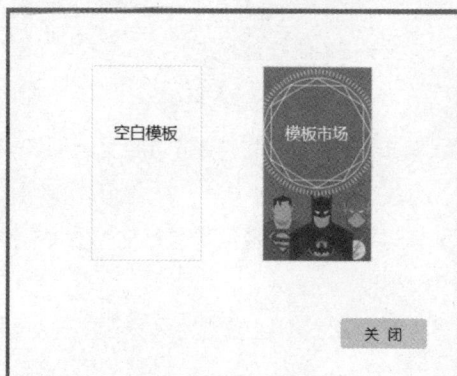

▲图 3-27 选择模板类型

▲图 3-28 模板商店

（5）如果选择空白模板，则进入人人秀 H5 编辑器，如图 3-29 所示。

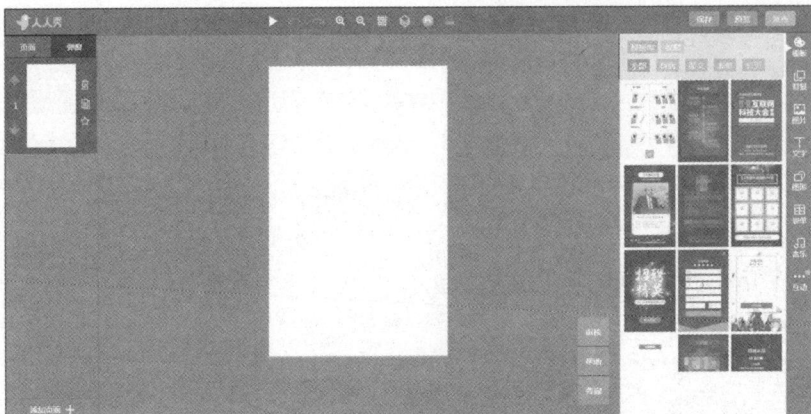

▲图 3-29 进入人人秀 H5 编辑器

（6）首先导入背景，单击右侧工具栏中的"背景"按钮，然后单击"更换"按钮，如图 3-30 所示。

（7）在弹出的背景库列表框中选择自己喜欢的背景，如图 3-31 所示。

▲图 3-30 导入背景

▲图 3-31 选择背景

（8）如果希望使用自己的素材，可以单击"我的图片"按钮切换至选项卡，然后单击"上传图片"按钮，如图 3-32 所示。

（9）上传本地图片作为背景，如图 3-33 所示。制作者也可以单击"图片"按钮，上传大小为 640×1100px 的图片作为背景。

（10）将图片置于所有图层的最底层，作为背景（目前因为只导入了一张图片，所以只有一个图层，如图 3-34 所示。

▲图 3-32 上传图片

▲图 3-33 上传本地图片作为背景

（11）为 H5 页面增加图片。这里我们需要添加一个带有特效的邀请函字样的图片。单击"图片"按钮上传图片，并在"我的图片"下方选择图片插入 H5 页面，调整到相应的位置。当然，我们可以也在图片库中选择使用合适的图片，如图 3-35 所示。

▲图 3-34 设置图层

▲图 3-35 增加图片

> **温馨提示**
>
> H5 的图片格式通常有 JPG、JPEG、PNG、GIF 等，可以设置其相框、序列帧、样式（包括背景颜色、文字颜色、透明度、圆角、边距、边框等）、阴影（包括水平阴影、垂直阴影、颜色、模糊度等）、位置（包括宽度、高度、X 与 Y 位置、旋转角度、大小等）等属性。

（12）为 H5 添加文字，单击"文字"按钮，系统会自动在 H5 页面中插入文本框，如图 3-36 所示。

（13）在文本框内添加文字，并设置字体和颜色，如图 3-37 所示。

▲图 3-36 插入文本框

▲图 3-37 添加文字

（14）选择合适的背景音乐。单击"音乐"按钮展开功能菜单，单击"更换"按钮，如图 3-38 所示。

（15）制作者可以自己上传音乐，也可以在音乐库中选择相应的音乐文件，如图 3-39 所示。

▲图 3-38 选择背景音乐

▲图 3-39 选择相应的音乐文件

（16）当页面的内容都添加完成后，我们可以对页面内容进行动画效果的设置。选择要制作动画效果的内容，单击右上角的"动画"按钮，然后选择相应的动画方式，如图 3-40 所示。

（17）对同一个内容，可以选择不同的触发方式，也可以设置多个不同的动画效果，不同的事件将触发不同的动画。单击"添加"按钮，即可为相应对象添加动画效果，如图 3-41 所示，单击"播放"按钮，可以预览动画效果。

▲图 3-40 动画效果的设置

▲图 3-41 添加其他动画事件

（18）第一页内容完成后，用户还可以添加更多的页面。单击屏幕左下角的"添加页面"按钮即可增加页面，如图 3-42 所示。

（19）在屏幕左侧拖动页面，可以调整页面顺序，如图 3-43 所示。单击垃圾桶按钮"🗑"，可以删除所选页面。

▲图 3-42 增加页面

▲图 3-43 调整页面顺序

温馨提示　　H5 作品发布成功后，用户还可以在个人中心重新编辑作品，编辑方法与制作方法相同。重新编辑后的作品将会重新接受人人秀的审核。

（20）在编辑器的右上角选择保存、预览或发布，人人秀 H5 编辑器每过 30 秒会自动保存作品，H5 作品最终效果如图 3-44 所示。

▲图 3-44 H5 作品最终效果

026 程序开发：**靠谱、有规划、有经验**

对于 H5 营销而言，一个 H5 营销活动从设计、运营、推广到维护，都需要人员，完整的团队应该包括以下 8 个方面的人员，如图 3-45 所示。

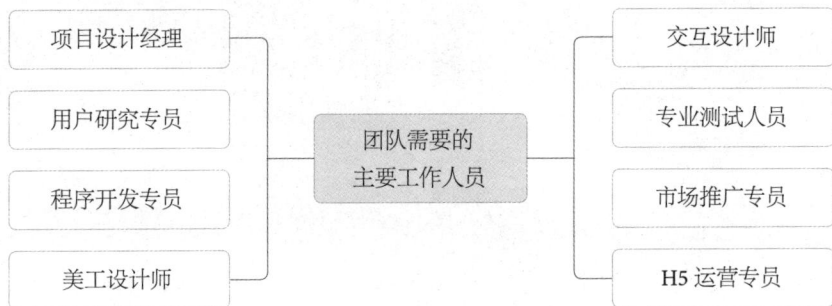

▲图 3-45 H5 营销活动的主要工作人员

对于 H5 营销而言，优秀与否直接取决于前期设计过程中的开发团队。而企业型的 H5 营销很难在企业内部直接组建一个团队来专门开发程序，所以最佳方案是企业派出熟悉业务的人员与外包团队共同组建队伍，这样做更加省时、省力。

根据开发团队人员来源的不同，H5 营销的开发计划也有不同的制订方式，主要从外包团队开发 H5 和企业自身开发 H5 两个方面进行分析。

由外包团队开发 H5 是较为简单的模式，在策划过程中并不需要企业过多地参与，完整的 H5 开发过程分为 11 个环节，是一个不断沟通和推敲开发的过程，具体内容如图 3-46 所示。

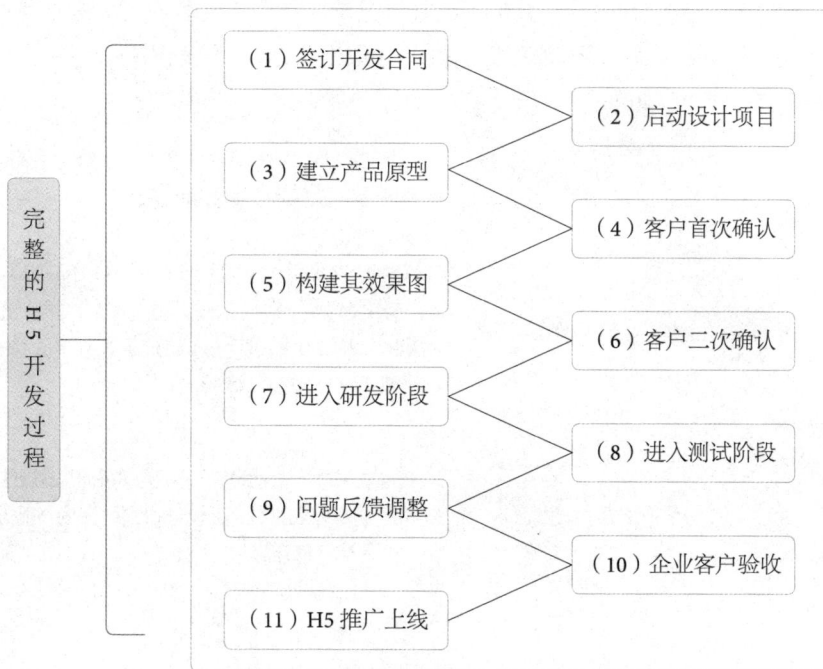

▲图 3-46 完整的 H5 开发过程内容

企业的 H5 活动开发计划则更侧重于相关要素的分析，主要是从企业的角度对 H5 的开发行为进行评价，从而在实际的运行过程中减少问题，更高效地实现目标，其程序开发原则如图 3-47 所示。

▲图 3-47 H5 程序开发的主要原则

027 程序测试：**认真检测和体验所有流程**

当 H5 作品制作完成后，我们不能直接发布给用户，还需要对其进行测试，认真地检测和体验 H5 的所有流程，找出其中的不足之处，及时进行修改和完善。H5 测试的主要内容如图 3-48 所示。

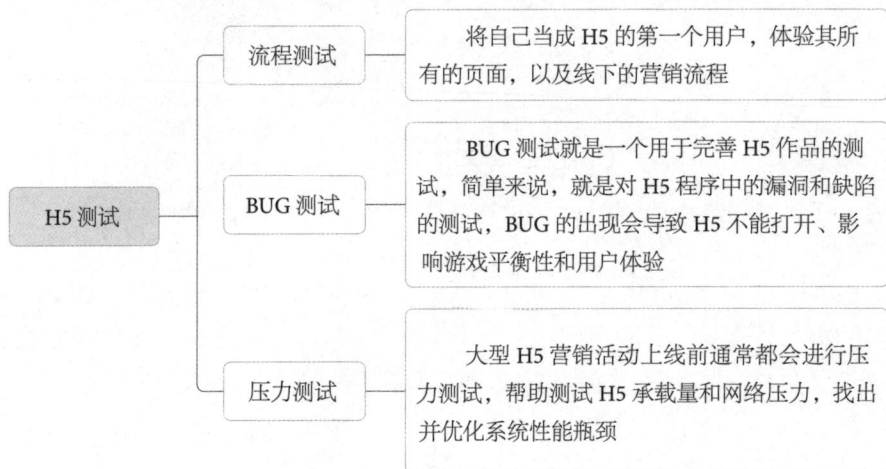

▲图 3-48 H5 测试的主要内容

以人人秀为例，当制作完成 H5 作品后，可以单击页面右上角的"预览"按钮，如图 3-49 所示。在打开的页面中，可以预览 H5 作品的效果，如图 3-50 所示。单击"上一页"或"下一页"可以切换页面，也可以扫描二维码在手机上预览。

▲图 3-49 单击"预览"按钮

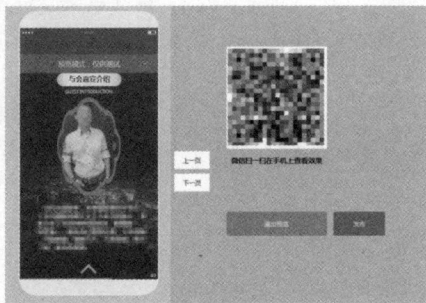

▲图 3-50 预览 H5 作品的效果

028 活动上线：**做好客服工作和营销推广**

H5作品测试完成后，即可开始发布上线活动，并且做好相关的客服工作，以及对H5作品进行推广。

下面以人人秀为例，介绍一些H5活动上线的基本方法。

（1）H5作品完成后，单击右上角的"发布"按钮，进入作品发布界面，界面的左侧是发布预览，可以预览分享界面，如图3-51所示。

▲图3-51 作品发布界面

（2）单击"基本设置"栏的左上角"修改头像"按钮可修改分享头像。在文本框内可输入分享标题。选中右侧的"#分享数#"复选框，可以在分享时显示已经分享的人数，下方的文本框可以输入分享内容，如图3-52所示。

▲图3-52 修改分享头像和标题

（3）可以设置翻页效果和作品分类，如图 3-53 所示。

▲图 3-53 设置翻页效果和作品分类

温馨
提示

　　在该页面的下方的"预审核"功能是人人秀为付费用户开通的特殊服务，包括加急审核、预先审核、审核不通过短信提醒等功能。选中该选项后，客户经理会在用户作品发布的第一时间协助用户对 H5 作品进行人工预先审核，提供一对一的审核帮助，并在审核不通过时详细告知用户违规之处。确保用户作品的顺利投放和不被封号，以保障用户的经济安全。

（4）基本设置完成后，单击"下一步"按钮或"高级设置"标签，切换至"高级设置"选项卡，可以进行版权设置，如图 3-54 所示。

▲图 3-54 版权设置

（5）在"高级设置"选项卡的最下方，可以选择是否显示关注公众号和菜单。

单击右侧的铅笔符号可以进行相应设置，如图 3-55 所示。

▲图 3-55 选择是否显示关注公众号和菜单

（6）单击"高级设置"选项卡下方的"更多设置"按钮，在弹出的页面中可以进一步对 H5 作品样式进行设置，设置内容包括进度条、阅读数、弹幕 / 点赞、评论审核等，如图 3-56 所示。

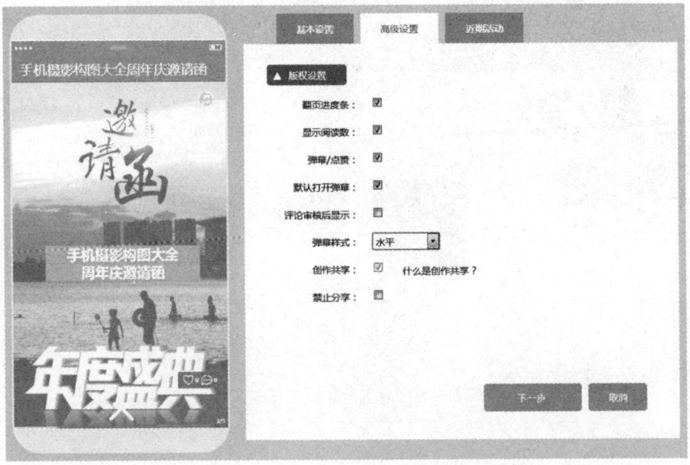

▲图 3-56 更多设置

（7）单击"下一步"按钮，进入"近期活动"界面，显示近期可以参加的活动，如图 3-57 所示。例如，当前的活动为"申请作为模板"，申请通过可以获得 50 秀点。

▲图 3-57 "近期活动"界面

（8）全部设置完成后，单击"发布"按钮即可成功发布作品。作品发布成功后，会自动跳转至分享推广界面，如图 3-58 所示。同时会出现作品打分，人人秀系统将会从作品丰富度、功能丰富度、作品安全度、浏览流畅度、版权完整度等多个方面对 H5 作品进行综合测评，帮助用户修改作品。

▲图 3-58 分享推广界面

（9）扫描二维码进入作品链接，用户可以选择以下3种方式进行推广。

◆ 在页面右上角获取作品地址，直接推送H5作品地址，如图3-59所示。

◆ 将作品转发到朋友圈或微信群中进行推广，如图3-60所示。

◆ 获取作品地址，将作品链接填入微信公众号的阅读原文链接、下拉菜单
网址中进行推广。

▲图3-59 获取作品地址　　　　　　　　▲图3-60 微信推广

（10）用户也可以在"扩展网址"页面选择推广网址，可以添加多个推广网址，
分别把每个推广网址置于不同的推广渠道，如图3-61所示。

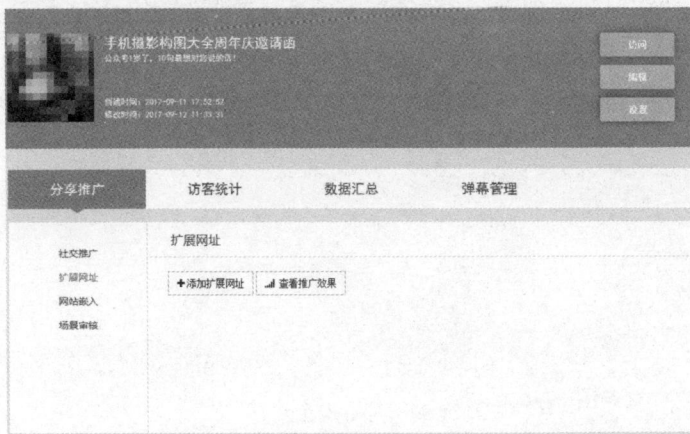

▲图3-61 推广网址

029 效果分析：**分析和总结 H5 营销活动**

发布 H5 营销活动后，我们仍然不可松懈，需要紧跟营销活动进行效果分析，主要内容如图 3-62 所示。

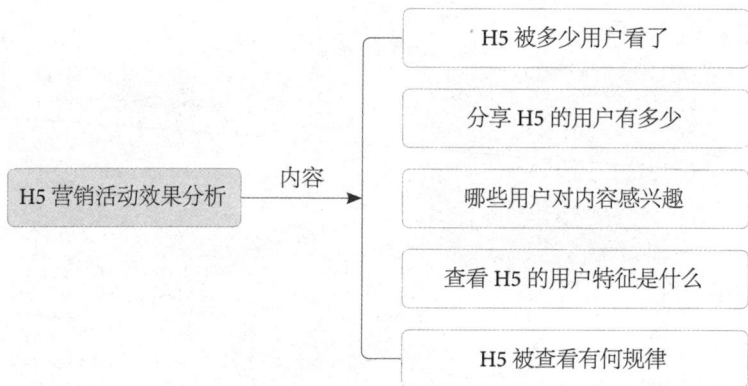

▲图 3-62 H5 营销活动效果分析的主要内容

在进行效果分析前，我们可以通过 H5 制作平台获得相应的后台数据分析，为 H5 营销活动的后期发展提供一些数据基础。

例如，人人秀通过对 H5 页面和渠道入口的数据收集，为企业提供翔实而又精准的数据支持，帮助企业更好地完成自动化营销的过程。

（1）流量统计 / 分享统计： 人人秀为所有用户提供流量与分享统计的结果，如图 3-63 所示。

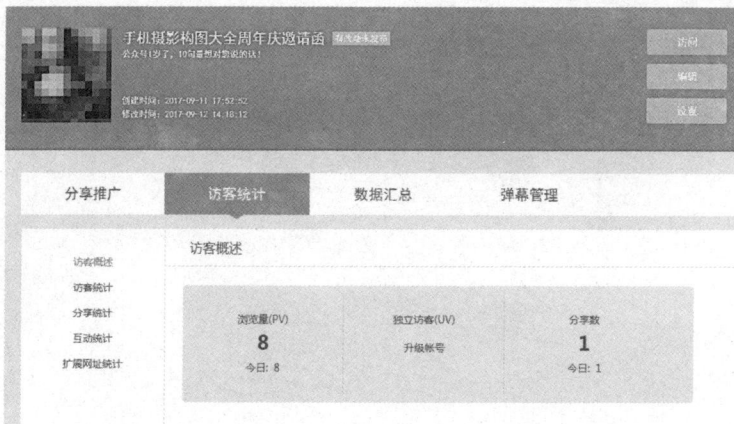

▲图 3-63 流量统计 / 分享统计

> 流量又称 PV（Page View），即浏览量的意思，可以非常直观地反映出 H5 作品的营销效果。H5 作品每被打开一次，PV 数据就会 +1。分享数是指用户分享 H5 作品给其他用户的总次数。H5 作品每被分享一次，分享数就会 +1，这样可以很好地体现出 H5 的推广效果。

温馨提示

（2）互动统计： 在 H5 页面中，用户通过 H5 内置的交互设计与企业产生互动的次数，如图 3-64 所示。当用户拨打 H5 页面中内置的电话号码，或者点击其中的网页链接时，人人秀都会实时监测和记录这些行为，企业可以通过这个数据来衡量自己的营销推广效果。

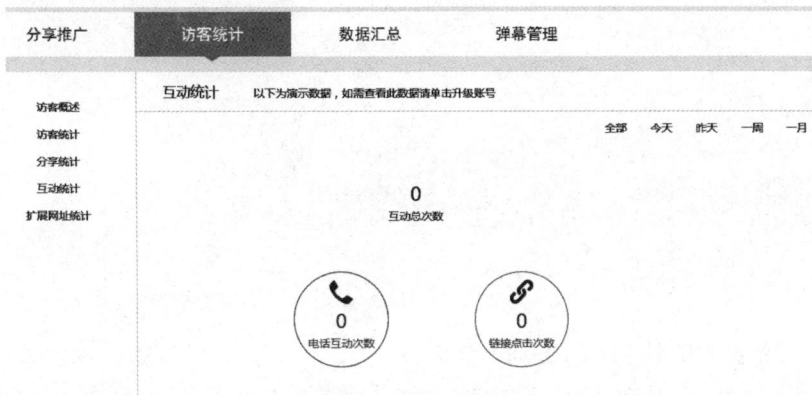

▲图 3-64 互动统计

（3）扩展网址统计： 添加扩展网址，可以为 H5 作品生成不同的二维码和扩展链接，如图 3-65 所示，让企业了解 H5 在不同地址的推广效果。人人秀可以分别生成多个扩展网址，然后分别查看每个推广网址的推广效果。

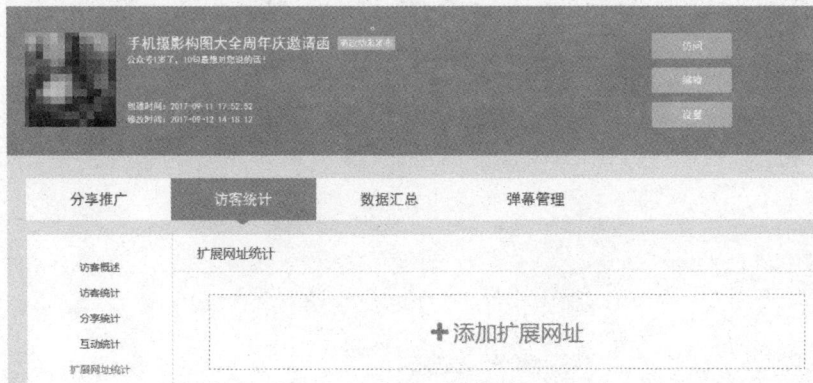

▲图 3-65 扩展网址统计

（4）分享渠道统计： 人人秀支持记录的分享渠道包括微信朋友、微信朋友圈、微信群、QQ、QQ 空间、新浪微博等，如图 3-66 所示。企业可以在后台分别查看每一种渠道所获得的分享量，借此调整产品广告的投放方向。

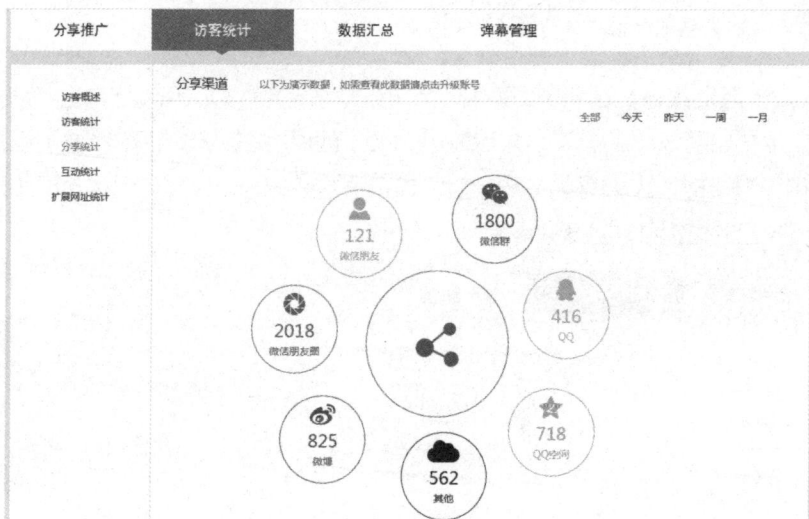

▲图 3-66 分享渠道统计

（5）独立访客（UV）统计： 独立访客（UV）即为唯一访客，UV（Unique Visitor）以 Cookie 为依据，记录网站的真实用户量，如图 3-67 所示。UV 可以精准地反映出企业的 H5 页面被多少人浏览过。

▲图 3-67 独立访客（UV）统计

（6）**访问设备：**不同的人群对 H5 页面的访问设备也不尽相同，通过记录这些数据，企业可以得知用户浏览 H5 页面时使用的设备，进而初步推断出用户的消费习惯和消费喜好，如图 3-68 所示。

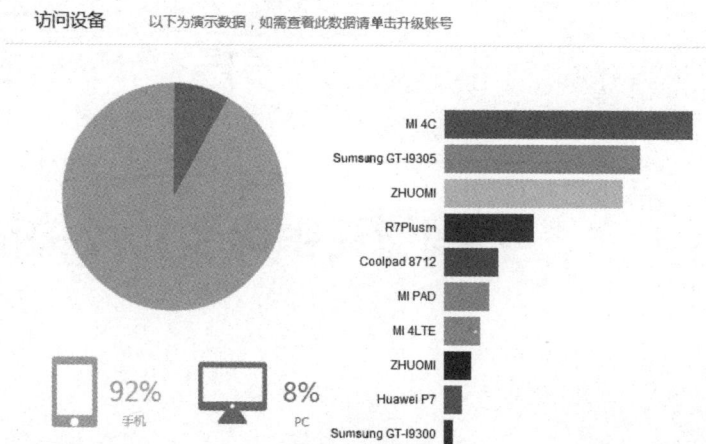

访问设备　以下为演示数据，如需查看此数据请单击升级账号

MI 4C
Sumsung GT-I9305
ZHUOMI
R7Plusm
Coolpad 8712
MI PAD
MI 4LTE
ZHUOMI
Huawei P7
Sumsung GT-I9300

92% 手机　　8% PC

▲图 3-68 访问设备统计

（7）**访客停留时间 / 阅读深度：**人人秀会自动将访客在 H5 页面停留的时间和在哪个页面离开等数据记录下来，如图 3-69 所示。企业可以通过访客停留时间和阅读深度的数据统计，发现其中的不足，改进自己的 H5 作品，使访客的存留率得到提升。据此，企业也可以了解用户有没有看到核心的营销内容，以及对产品有没有做深入的了解。

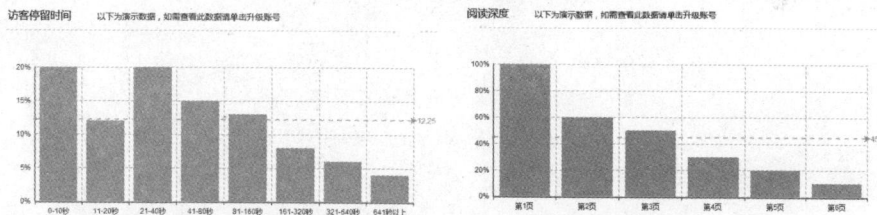

▲图 3-69 访客停留时间 / 阅读深度统计

（8）**地域访问统计：**人人秀可以记录 H5 作品的用户地理分布情况。当访客浏览 H5 页面时，人人秀可以获取到访客的位置信息。通过地域访问统计数据，企业可以知道自己的 H5 用户主要分布在哪里，哪些地区的访客对产品或活动比较感兴趣，可以作为主推地域；通过地域访问统计数据也可以反映出哪些地区的推广不足，并进行相应的整改。

第4章

内容设计：
视觉营销吸引粉丝关注

学前提示 >>>

　　前面介绍了一些H5视觉设计的方法，但仅是H5制作过程中的一小部分，H5的内容设计才是整个营销活动的重点，我们必须要做好视觉营销，才能吸引粉丝关注，才能进行下一步的宣传推广。本章主要针对H5的内容营销进行分析，对如何制作优秀的H5内容进行深入探讨。

要点展示 >>>

◆ 文案策划：场景带入，引发共鸣

◆ 打造故事：真实自然的好故事打动人心

◆ 视觉设计：专属风格，眼前一亮

◆ 长页面版式：流行的H5排版方式

◆ 画面设计：一镜到底、吸引眼球

◆ 视频内容：在H5页面中添加视频

◆ 应用弹幕：如何制作一个100 000+的H5弹幕

◆ 设计倒计时：模拟多种数字时钟的效果

◆ 图片生成器：自动合成指定营销场景的图片

◆ 在线表单：在H5页面中插入表单让用户填写

◆ 雷达扫描：快速体现H5营销要点

◆ 照片海报：起到"传播+营销"的目的

030 文案策划：**场景带入，引发共鸣**

H5 文案并不单单是指文案，它其实是"图片 + 文案"的一种表现形式，只有两者相呼应、相融合，形成场景带入的作品，同时可以引发用户产生共鸣，那么才能算上好的 H5 文案。

在 H5 作品中，一个优秀的文案可以提升产品转化率、增加产品连带销售、加深消费者品牌印象。

H5 营销文案的核心思想就是提取卖点，吸引消费者的注意，引起消费者的购买欲望，可是如何做才能真正表述出文案的核心思想呢？下面介绍制作优秀 H5 文案的表述方法。

1. 掌握基本原则

H5 文案最基本的原则：首先要保证逻辑的合理，使用简洁生动的文字传达出 H5 作品的核心要点，告诉消费者产品能给他们解决什么样的问题、带来什么样的效果，并以强有力的视觉冲击留住消费者，吸引他们继续看下去并最终购买产品，如图 4-1 所示。

2. 突出产品卖点

H5 文案应该与不同场景、不同角度下的专业图片相结合，将产品卖点更好地展显出来，从而刺激消费者购买，图片可分为产品效果图、产品细节图、产品实物图等，如图 4-2 所示。

▲ 图 4-1 具有视觉冲击的文案　　▲ 图 4-2 H5 文案与产品相结合

3. 利用好评文案

消费者好评是最直接的文案，在 H5 页面上展示用户好评，可以增加消费者对产品的认可度和接受度，通过系列活动，鼓励消费者写出故事型的好评，这样更能增加消费者的信任度。图 4-3 所示为在 H5 页面中添加模拟消费者版产品体验的故事型文案。

4. 跟随营销策略走

企业需根据不同的产品采用多种营销策略，如关联销售、捆绑销售、提升销售等，H5 文案则按照不同的营销策略进行撰写。例如，企业可以在产品文案中加入"热卖产品推荐""买了该产品的消费者还买了哪些""最受消费者欢迎的产品排行"等来提升整个关联销售，如图 4-4 所示。

▲图 4-3 故事型文案

▲图 4-4 热销产品文案

5. 掌握消费者心理

优秀的 H5 文案往往都是"心理专家"，这些优秀的文案通过"文字＋图片＋色彩"的组合来激发消费者的需求，如此达到良好的营销效果。

因此，H5 文案要满足消费者的需求，并不是片面地追求文字优美，也不是堆砌解释产品信息，它是以消费者需求为前提，利用解决文案进行产品信息的诠释、促销信息的展现、活动的公布等。

031 打造故事：**真实自然的好故事打动人心**

对于 H5 营销来说，讲故事是一种普遍的营销手段，也是容易吸引消费者眼球的方法，需要注意的是，讲故事不是目的，故事背后的产品线索才是 H5 作品的关键。

通过在 H5 中讲一个完整的故事引出产品，通过循序渐进的过程，引领消费者进入设计者的思想，使产品更容易被理解与接受，从而促使销售成为必然。

故事类的 H5 作品是一种容易被消费者接受的内容形式，一个好的故事，很容易让消费者印象深刻，拉近品牌与消费者之间的距离，生动的故事容易让消费者产生代入感，对故事中的情节和人物也会产生向往之情。企业如果能写出好的故事，并融入 H5 页面中，就会很容易找到潜在消费者并提高企业信誉度。

对于 H5 文案设计来说，如何打造一篇完美的故事？首先需要确定产品的特色，将产品关键词提炼出来，然后将产品关键词放到故事线索中，贯穿全文，使消费者在浏览之后印象深刻。同时，故事类的 H5 文案写作要尽可能满足两个要点，如图 4-5 所示。

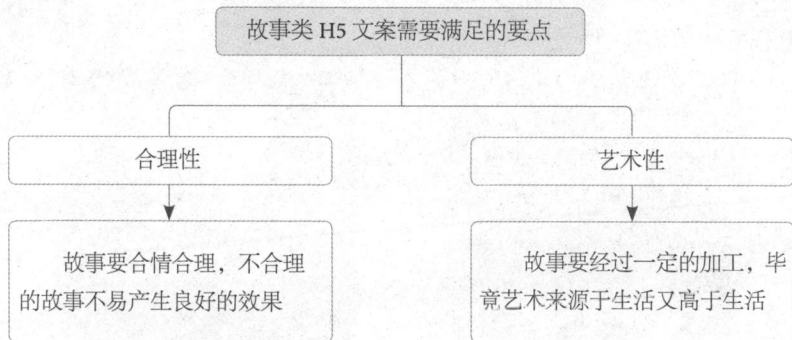

▲图 4-5 故事类 H5 文案需要满足的要点

温馨提示　　当企业要对产品进行 H5 营销时，可以根据 H5 营销的目标编写一个故事，在合情合理的前提下，将产品巧妙地融入故事中。

👉 **【案例】：《妈，您辛苦了！》**

《妈，您辛苦了！》是在母亲节期间推出的一个 H5 作品，通过将母爱的故事融入 H5 中，以图文结合的漫画形式表现，生动、形象地展现故事情节，如图 4-6 所示。

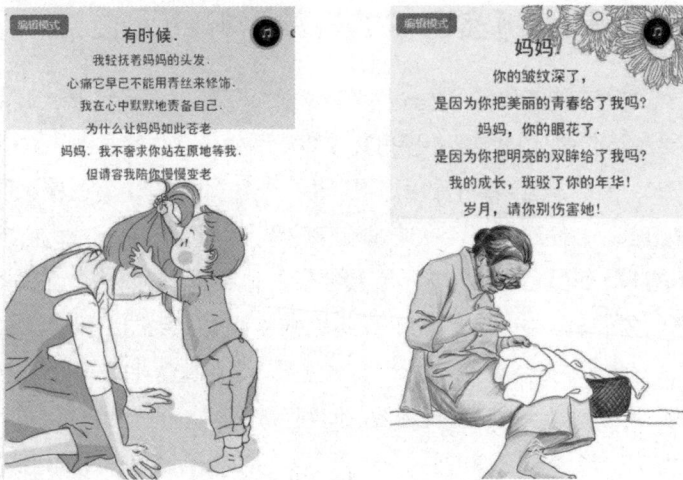

▲图 4-6 《妈, 您辛苦了!》H5 页面

　　通过温馨感人的故事, 引发用户的阅读兴趣, 最后加入企业的节日祝福, 如图 4-7 所示, 使其自然地嵌入到故事中, 与故事相呼应, 用户在看完之后, 会对企业留下深刻的印象。

▲图 4-7 情感故事可以让品牌的植入更加自然

　　值得注意的是, 不管对怎样的产品, 都需要选择一个符合产品理念的故事主题, 在故事中引出产品, 或是以产品的某个特点为主题, 围绕这个主题展开故事, 最好是不留痕迹地将产品特点贯穿故事的始终。

032 视觉设计：**专属风格，眼前一亮**

在进行 H5 的视觉设计时，我们可以为其打造一个专属风格，如扁平、手绘、科技、动漫、水墨、写实、复古、拼贴、插画、摄影、装饰、泥偶、小清新等，让用户眼前一亮。H5 的视觉风格非常多，下面挑选一些重点的设计方法进行讲解，大家可以举一反三，制作出更加优秀的画面效果。

1. 扁平风格的 H5 视觉设计

扁平风格的主要原则是去除冗余、厚重和繁杂的装饰效果，强调抽象、极简和符号化，这种风格的 H5 画面更简约，条理也更清晰。图 4-8 所示为 Android 5.0 系统采用了扁平化的视觉设计，画面生动绚丽。

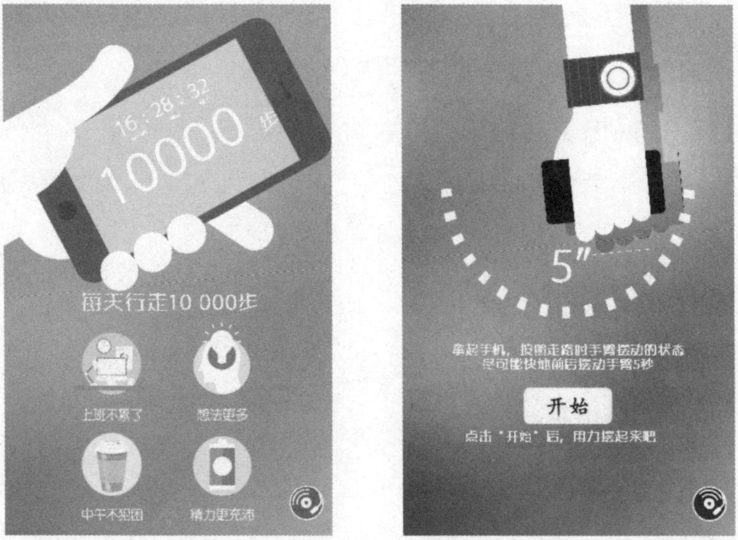

▲图 4-8 扁平风格的 H5 视觉设计

2. 手绘风格的 H5 视觉设计

在很多场景下，企业希望 H5 页面中的设计元素更加精准，拥有完美的像素。因此，大家都在 H5 中运用了很多个性化且非常有趣的设计元素，让 H5 页面看上去更加生动。基于这个需求，手绘风格的元素被广泛运用在 H5 页面中，用来赋予 H5 作品更多乐趣，使其整体的视觉冲击力得到增强，如图 4-9 所示。

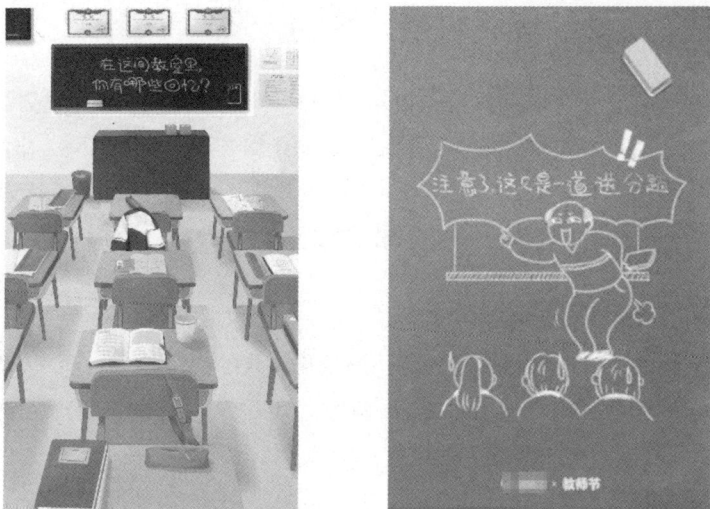

▲图 4-9 手绘风格的 H5 视觉设计

3. 科技风格的 H5 视觉设计

所谓科技风格，就是在 H5 页面中增加有科技感的视觉元素，如机器人、IT 技术、科技产品等，让画面呈现得更加科幻，如图 4-10 所示。

▲图 4-10 科技风格的 H5 视觉设计

4. 动漫风格的 H5 视觉设计

动漫风格的视觉元素在 H5 中非常常见，且风格形式较多，不仅可以在视觉的质感与层次上更加丰富多变，而且往往能够创造出独特的视觉效果，实现形式与内容的完美统一，如图 4-11 所示。

5. 水墨风格的 H5 视觉设计

水墨画是一种比较独特的绘画形式，讲究"计白当黑"和"虚实相生"，也就是说，画面上的空白处往往不着颜色，而有形的东西都是用墨来画，如云水多为虚白，山石树木则常常实写。

水墨风格的 H5 视觉设计，可以让 H5 页面的形象更简洁、寓意更丰富，通过较少的元素，将更多的信息传达出来，显示出企业或品牌的文化品位以及人文情怀，如图 4-12 所示。

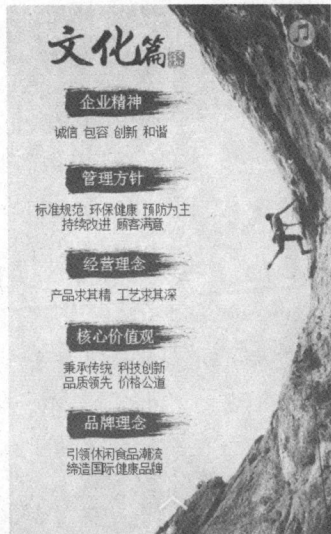

▲图 4-11 动漫风格的 H5 视觉设计　　▲图 4-12 水墨风格的 H5 视觉设计

6. 写实风格的 H5 视觉设计

写实风格是指如实地描绘事物，使 H5 中的事物与现实世界中的情况基本吻合。简单来说，写实风格就是画照片，让画面达到逼真的效果。

👉 【案例】：《腾讯公益：他一直在你身份证背面》

《腾讯公益：他一直在你身份证背面》就是一个写实风格的 H5 作品，其中描述了一个男人前往长城的经历，他走过了不同地方，经历不同季节、不同天气，在途中经历了许多，最终到达长城的故事，以此来宣传维护长城的公益事项，如图4-13所示。

▲图4-13 《腾讯公益：他一直在你身份证背面》H5页面

这个H5作品主要运用了视频的内容形式，大量采用实景拍摄与自然光，这也是写实风格类H5常用的创作手法，运用非职业演员的表演与自然的生活细节描写，带有不加粉饰的真实感。

7. 复古风格的H5视觉设计

复古风格主要是通过在H5页面中加入复古的设计元素，或者将现代的元素处理成复古风格，来突出品牌或产品文化渊源的形象特征。

☞【案例】：《肯德基：如果时光可以倒流，这件事我一定会做》

《肯德基：如果时光可以倒流，这件事我一定会做》这个H5就是采用复古的设计风格，在页面中增加了旧电视机元素，打开电视设置按钮后，页面上会出现肯德基的品牌故事，同时将产品很自然地植入其中，如图4-14所示。

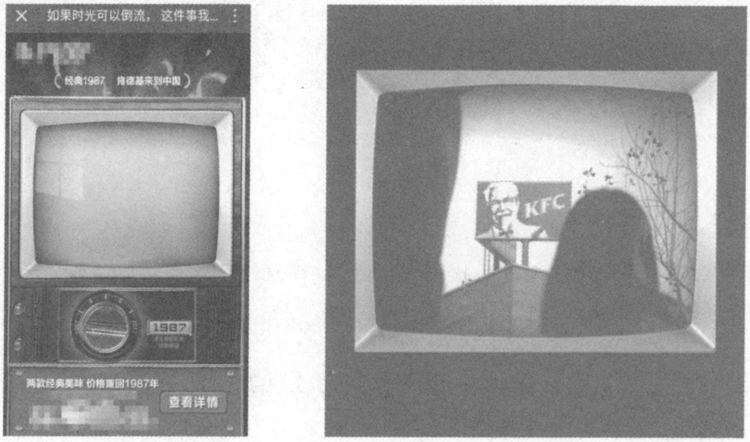

▲图4-14 《肯德基：如果时光可以倒流，这件事我一定会做》H5页面

8. 拼贴风格的 H5 视觉设计

拼贴设计是一种包罗万象的风格表现手法，通过结合运用剪贴画、点线面、色块、波普等元素，来拓宽 H5 页面表现的空间，打破平庸的画面，使其更具活力，如图 4-15 所示。

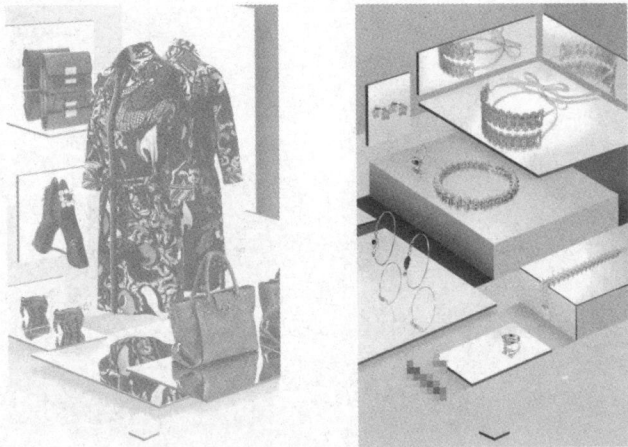

▲图 4-15 拼贴风格的 H5 视觉设计

9. 插画风格的 H5 视觉设计

插画也称插图，是一种视觉艺术表现形式，具有很强的审美特征，其设计的元素形象比较直观，可以给用户带来真实的视觉感受。这种风格的 H5 作品制作起来比较花时间，但却可以加深用户的印象，如图 4-16 所示。

▲图 4-16 插画风格的 H5 视觉设计

10. 摄影风格的 H5 视觉设计

摄影风格主要是在画面上运用各种摄影技术，对画面的构图、光线、色彩等进行处理，添加如 360°全景、微距、双重曝光、黄金分割构图等画面效果，让 H5 作品更加吸引用户的眼球，如图 4-17 所示。

▲图 4-17 摄影风格的 H5 视觉设计

11. 装饰风格的 H5 视觉设计

装饰风格的 H5 视觉设计主要运用不同文化和不同地域特色的设计元素，在 H5 画面中营造出一种特殊的装饰氛围，使其呈现出不同的风格特色，如古典、朴素、精致、自然、轻快、柔和、优雅、都市、简约、田园等，如图 4-18 所示。

▲图 4-18 装饰风格的 H5 视觉设计

12. 泥偶风格的 H5 视觉设计

泥偶风格的 H5 视觉设计，主要是通过在 H5 页面中添加一些泥偶人物、动物
或其他物体等元素，让画风显得更加活泼且充满童趣，如图 4-19 所示。

▲图 4-19 泥偶风格的 H5 视觉设计

13. 中国风的 H5 视觉设计

中国风主要是以传统文化为基础，在 H5 页面中融入大量的中国元素，如剪纸、
京剧脸谱、书法、国画、龙舟、中国结、秦砖汉瓦、古琴古筝等，让 H5 具有较高
的审美情趣，如图 4-20 所示。

▲图 4-20 中国风的 H5 视觉设计

14. 小清新风格的 H5 视觉设计

小清新风格并没有具体的含义，通常这种类型的 H5 页面色彩比较淡雅，且饱和度不高，整体呈现出灰色调的画面影调，可以给人带来清爽、唯美的视觉感受，如图 4-21 所示。

▲图 4-21 小清新风格的 H5 视觉设计

033 长页面版式：**流行的 H5 排版方式**

长页面又称为"一页""单页"，也就是说一个 H5 作品只有一个页面，可以让画面更具张力，更吸引眼球，是一种比较流行的 H5 排版方式，因而，受到很多运营商、营销人员的青睐。这种排版方式的主要优势如图 4-22 所示。

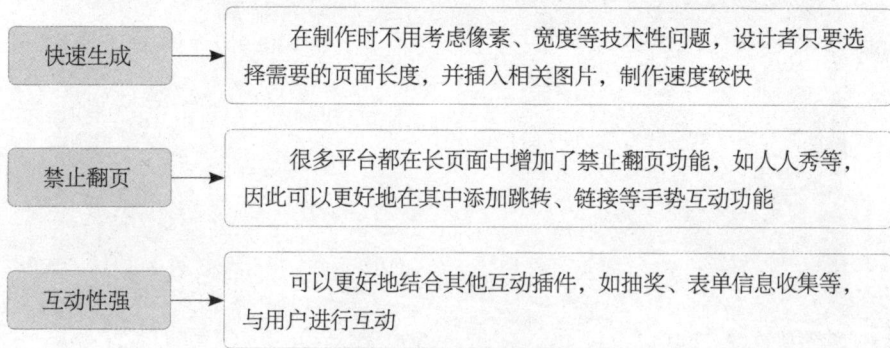

快速生成	在制作时不用考虑像素、宽度等技术性问题，设计者只要选择需要的页面长度，并插入相关图片，制作速度较快
禁止翻页	很多平台都在长页面中增加了禁止翻页功能，如人人秀等，因此可以更好地在其中添加跳转、链接等手势互动功能
互动性强	可以更好地结合其他互动插件，如抽奖、表单信息收集等，与用户进行互动

▲图 4-22 长页面的优势

　　在手机上展示信息时，长页面就是一种非常好的排版方式，不但可以放置大量信息，而且还可以让信息的排序更有条理。

　　下面以人人秀为例，介绍一个简单的长页面的制作方法。

　　（1）打开人人秀编辑器，单击"背景"按钮展开其操作面板，并单击"更换"按钮，如图4-23所示。

　　（2）在更换背景中，制作者可以上传自己设计的长页面，也可以在人人秀的背景库中寻找合适的背景使用，如图4-24所示。

▲图4-23 单击"更换"按钮　　　　　　▲图4-24 选择背景

　　（3）在选择相应背景后，选中"长页面"复选框，并设置页面像素数为1008，如图4-25所示。

　　（4）适当调节背景选区，让背景中的图案显示在合适的位置，预览栏中明亮部分为长页面在手机中显示的第一页，如图4-26所示。

▲图4-25 选中"长页面"复选框　　　　　▲图4-26 调节背景选区

　　（5）然后设置"背景模式"为"固定"，这样页面会自动填充手机屏幕。如

果将"背景模式"设置为"滚动"，则在背景大小和长页面大小不一致的情况下页面会出现空白，如图 4-27 所示。

（6）通常情况下，单页的长页面可以勾选"停止翻页"复选框，因为滑动长页面和向后翻页手势一致，如果不勾选该选项，则在滑动长页面时有可能会翻页至后一页，如图 4-28 所示。

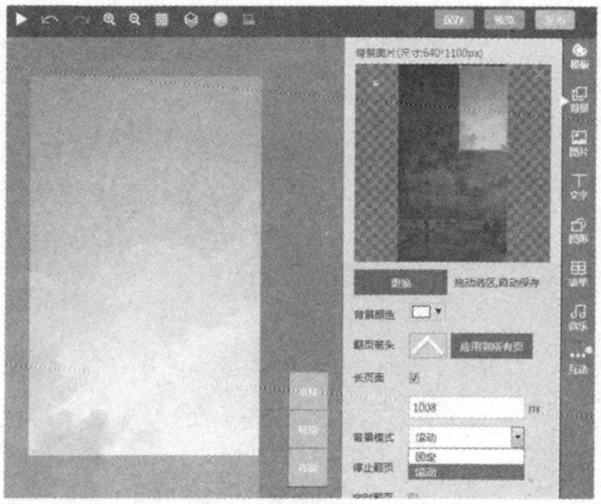

▲图 4-27 设置"背景模式" 　　　▲图 4-28 勾选"停止翻页"

（7）在执行上述操作后，即可制作一个长页面背景，用户只需要在长页面上添加诸如图片、音乐、互动等元素，就能够成功制作出一个完整的长页面了。

034 画面设计：**一镜到底、吸引眼球**

"一镜到底"是指镜头不剪切，整个画面一气呵成，常用于影视行业，这种设计手法可以给画面带来更强的空间感和代入感。"一镜到底"的 H5 画面设计同样具备这些优势，而且还能让画面更加流畅，展现独有的镜头感，更加吸引用户的眼球。

下面以人人秀为例，介绍"一镜到底"的 H5 制作方法。

（1）打开人人秀编辑器，单击"互动"按钮展开其操作面板，选择"一镜到底"插件，如图 4-29 所示。

（2）将事先准备好的素材，按照出现顺序依次插入到一镜到底的页面中，单击左下角的"添加页面"按钮，即可增加新的"一镜到底"页面，如图 4-30 所示。

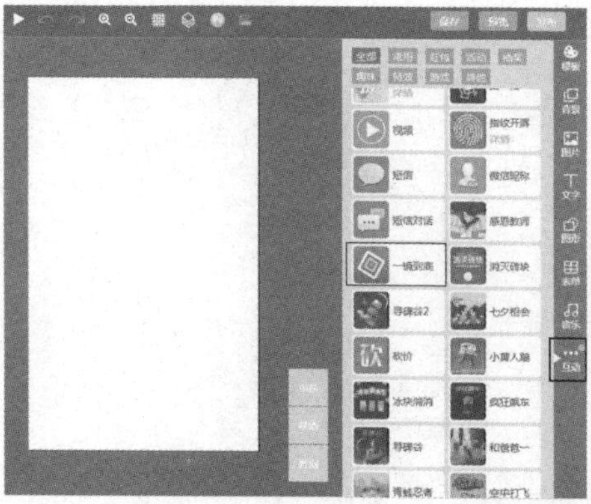

▲图 4-29 选择"一镜到底"插件

▲图 4-30 添加素材

（3）单击"一镜到底"预览栏右侧的设置按钮，在弹出的"设置"对话框中设置"页面间距"为 300，为 H5 画面营造出空间感，如图 4-31 所示。

▲图 4-31 设置"页面间距"

需要注意的是，制作"一镜到底"的画面需要使用大量镜头素材，人人秀中提供了许多精美的"一镜到底"模板，可以让用户快速、便捷地制作"一镜到底"H5作品，如图 4-32 所示。

▲图 4-32 使用模板可以快速制作出"一镜到底"的 H5 作品

👉 【案例】：《京东 & 飞亚达：我们的故事》

《京东 & 飞亚达：我们的故事》就是使用"一镜到底"技术制作的 H5 页面，用手指按住页面下方的"长按"按钮，即可出现镜头拉伸的效果，如图 4-33 所示。

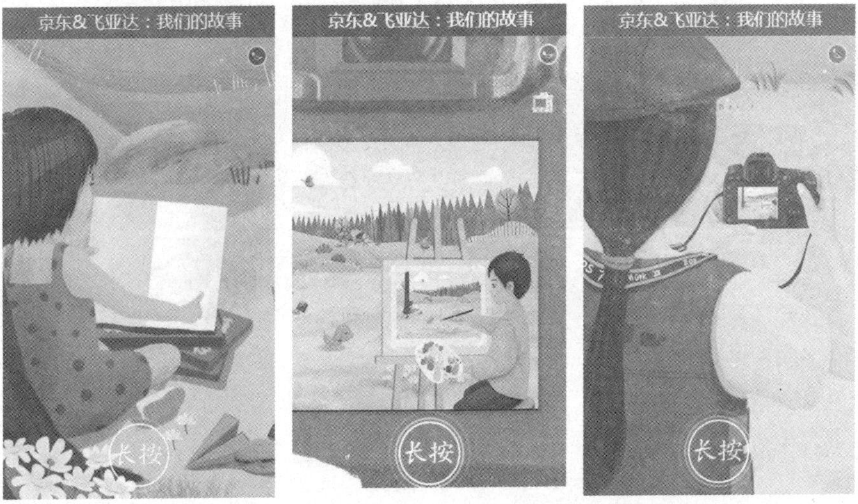

▲图 4-33 《京东 & 飞亚达：我们的故事》H5 作品

"一镜到底"技术与 VR 全景虽然都可以产生空间感，但却有很大的区别，"一镜到底"的空间感给人一种向前方穿梭的视觉感受，画面更加立体、震撼，非常适合会展宣传、系列产品的推广等场景。

035 视频内容：**在 H5 页面中添加视频**

视频与图片、文字不同，它相对而言是一个更加真实展示企业信息的媒介。视频如果具备图 4-34 中所列出的几个特征，就能够吸引用户的目光，从而使用户对企业的方方面面有更直接的了解。

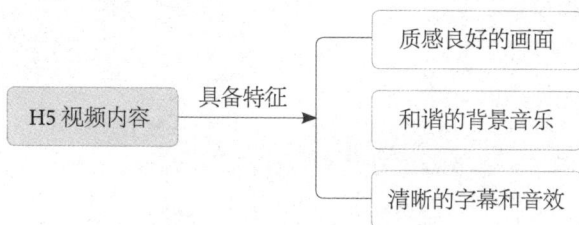

▲图 4-34 H5 视频内容需要具备的特征

下面以人人秀为例，介绍在 H5 中添加视频的操作方法。

（1）打开人人秀编辑器，单击"互动"按钮展开其操作面板，选择"常用"类目中的"视频"插件，如图 4-35 所示。

▲图 4-35 选择"视频"插件

（2）添加视频有两种方式，分别为添加网络视频和上传本地视频，例如，在"视频类型"列表框中选择"本地上传"选项，单击"本地上传"按钮即可上传本地视频，如图 4-36 所示。上传本地视频时需要注意：本地视频只支持 MP4 格式，同时大小不能超过 100MB。

▲图 4-36 单击"本地上传"按钮

（3）例如，在"视频类型"列表框中选择"通用代码"选项，打开相应视频网站，找到分享外链，复制通用代码链接，拷贝到人人秀编辑器中，如图 4-37 所示。需要注意的是，如果用户选择的视频链接不是通用代码格式，则会出现分享错误的提示，导致作品被封。

▲图 4-37 复制通用代码链接

036 应用弹幕：如何制作一个 100 000+ 的 H5 弹幕

弹幕（barrage）一词的原意是"密集的炮火射击"。如今，在视频中经常可以看到大量以字幕弹出形式显示的用户评论，这种形式也被称为弹幕，它可以给人们带来一种"实时互动"的体验。

以人人秀为例，在制作 H5 作品时，制作者可以选择是否开启弹幕功能。通过人人秀 H5 页面制作工具制作的 H5 作品，可以单击底部的留言按钮，输入相应内容，然后以弹幕的形式出现在 H5 页面中，如图 4-38 所示。

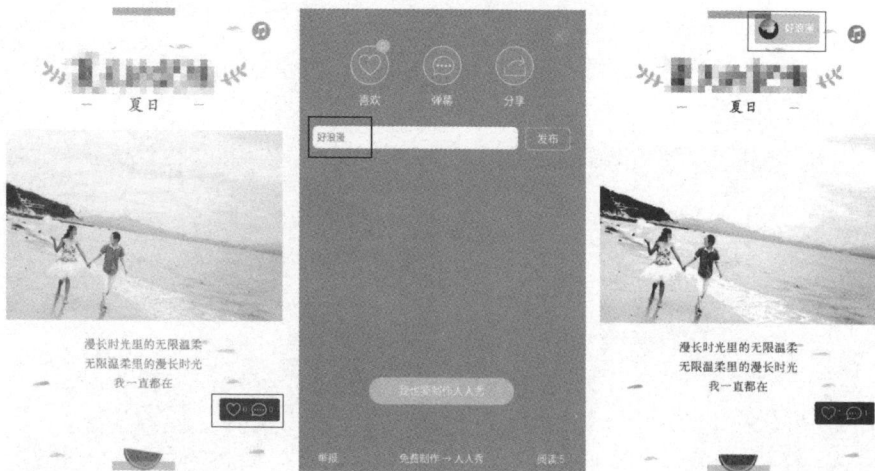

▲图 4-38 在 H5 中应用弹幕

开启弹幕功能后，制作者还可以在人人秀后台管理弹幕内容，对其进行审核、删除、开启 / 关闭等操作，如图 4-39 所示。

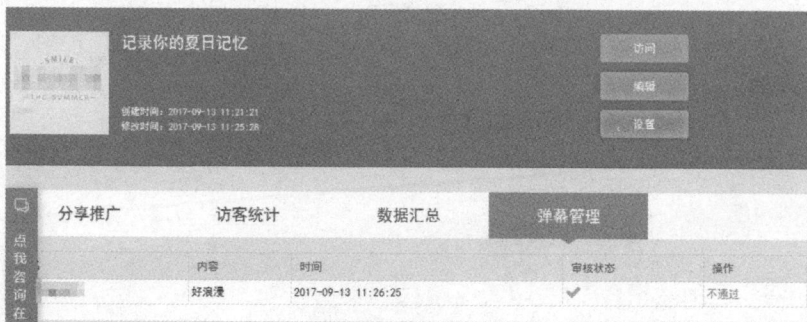

▲图 4-39 管理弹幕内容

在 H5 页面中加入弹幕，既不影响用户的观看效果，又能构成一种热闹的虚拟社群氛围，可以为品牌带来较强的宣传效果。

037 设计倒计时：**模拟多种数字时钟的效果**

在 H5 作品中添加倒计时插件，可以通过计时器来记录一段时间的长度，适合制作节日倒计时、电商活动倒计时、会议倒计时、考试倒计时以及纪念日倒计时等场景，作为 H5 页面的点缀。

下面以人人秀为例，介绍在 H5 页面中添加"倒计时"插件的操作方法。

（1）打开人人秀编辑器，更换好背景。单击"互动"按钮展开其操作面板，选择"常用"类目中的"倒计时"插件，如图 4-40 所示。

（2）执行操作后，即可导入倒计时插件，在到达时间中设置倒计时截止日期，如图 4-41 所示。

▲图 4-40 选择"倒计时"插件

▲图 4-41 设置倒计时截止日期

（3）在"显示字体"中设置字体样式，共有普通字体、卡通字体、动画字体、数码字体、苹果字体 5 种可以选择，这里选择"卡通字体"选项，如图 4-42 所示。

（4）在"显示内容"中可以设置倒计时插件的计时单位，有日、小时、分、秒等计时单位，这里选择"日、小时、分、秒"选项，如图 4-43 所示。

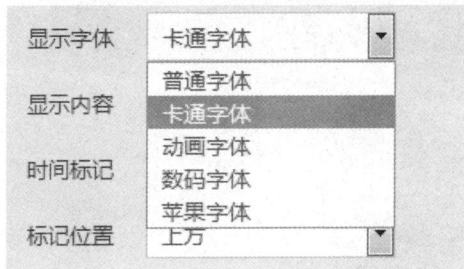

▲图 4-42 设置字体样式

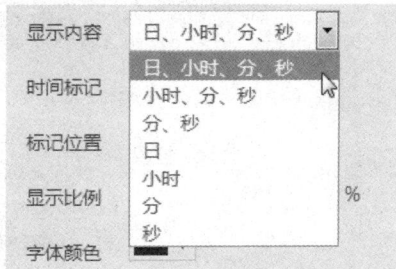

▲图 4-43 设置计时单位

（5）在"时间标记"中可以设置时钟英文、中文，这里选择"中文"选项，如图 4-44 所示。

（6）在"标记位置"中设置时间标记的显示方位为"上方"，在"显示比例"和"字体颜色"中设置其大小和颜色，并拖拽到合适位置，如果希望提醒用户时间已到，可以设置到达通知，如图 4-45 所示。

▲图4-44 设置时间标记　　　　　　　　▲图4-45 设置标记位置、比例和颜色

（7）设置完成，即可发布带有"倒计时"插件的H5页面，效果如图4-46所示。

▲图4-46 预览倒计时H5效果

> 倒计时是指从未来某个时间点开始，以现在的时间点来计算时间，可以展现出到达未来时间点还有多少时间，以增加事件的紧迫感。

温馨提示

038 图片生成器：**自动合成指定营销场景的图片**

使用图片生成器可以一键生成多种文件，帮助企业自动合成指定营销场景的有趣图片，如图 4-47 所示。

▲图 4-47 自动合成有趣的图片

创意是影响 H5 传播的一个重要因素，有趣好玩的 H5 作品自然会受到用户的喜爱，并且容易促使用户自发地分享传播。

039 在线表单：**在 H5 页面中插入表单让用户填写**

在 H5 页面中，在线表单插件主要用来收集各种数据，如用户的姓名、联系方式等，常见的在线表单包括报名表、履历表、反馈表等。在线表单的应用场景包括招生报名、企业招聘、活动申请、问卷调查等，可以帮助企业更快地获取用户的联系方式和意见反馈。

下面以人人秀为例，介绍在 H5 页面中添加在线表单的操作方法。

（1）打开人人秀编辑器，更换好背景。单击"表单"按钮展开其操作面板，其中有输入框、单选、下拉菜单等一共 8 种表单类型按钮和 1 个单页模板的链接按钮，单击"输入框"按钮，如图 4-48 所示。

（2）执行上述操作后，即可添加输入框，在"输入框"选项区中，设置"标题"为"姓名"，"类型"为"文本"，如图 4-49 所示。

▲图 4-48 单击"输入框"按钮

▲图 4-49 设置输入框

（3）再次添加一个输入框，设置"标题"为"手机号码"，"类型"为"手机"，如图 4-50 所示。

（4）在表单中选择"下拉菜单"选项添加一个下拉菜单，设置相应的标题和下拉框选项，如图 4-51 所示。

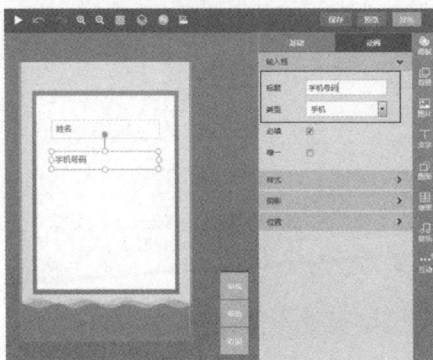

▲图 4-50 单击手机号码输入框

▲图 4-51 添加下拉菜单

（5）再次添加一个输入框，设置"标题"为"给我们留言"，"类型"为"文本"，并取消选中"必填"复选框，如图 4-52 所示。

（6）在表单中选择"下拉菜单"选项添加一个"提交"按钮，设置相应的标题和下拉框选项，如图 4-53 所示。"提交范围"下面的"触发"选项用来控制用户单击"提交"按钮后的操作，包括弹窗提示、打开网址等，网址可以填写自己公司的官网地址，也可以填写推荐网站的地址，一切取决于企业的推广需求。

▲图 4-52 添加输入框　　　　　　　　　　　　▲图 4-53 添加下拉菜单

（7）保存并发布 H5 作品后,即可预览在线表单的效果,如图 4-54 所示。

▲图 4-54 预览在线表单的效果

040 雷达扫描: **快速体现 H5 营销要点**

人人秀还为制作者带来了很多有趣的营销方式,如雷达扫描、问卷调查等。其中,雷达扫描主要是模拟雷达的扫描效果,可以让用户的注意力更加集中,快速体现营销要点。

下面以人人秀为例,介绍在 H5 页面中添加"雷达扫描"插件的操作方法。

（1）打开人人秀编辑器,更换好背景。单击"互动"按钮展开其操作面板,选择"趣味"类目中的"雷达扫描"插件,如图 4-55 所示。

（2）执行上述操作后,即可插入"雷达扫描"插件,在"雷达扫描"选项区中上传相应的企业图标和宣传标语，如图 4-56 所示。

▲图 4-55 选择"雷达扫描"插件 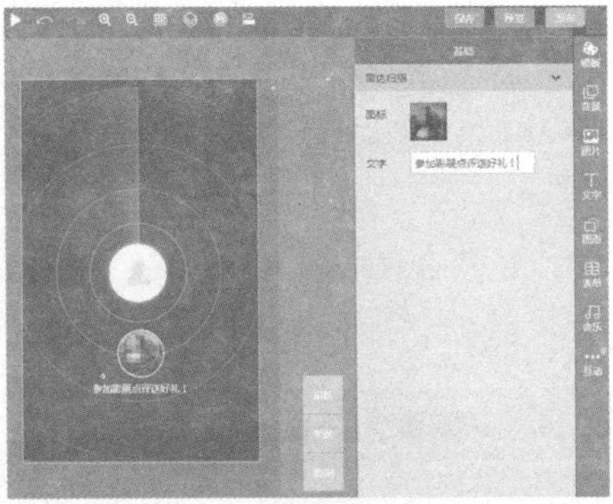 ▲图 4-56 设置雷达扫描插件

（3）保存并发布 H5 作品后，即可预览雷达扫描的效果，如图 4-57 所示。用户只有在等雷达扫出了宣传图标和宣传标语后，才可通过单击的方式进入下一页。在实际制作过程中，我们需要注意雷达扫描后续页面的衔接性，可以增加一些福利，如抽奖、优惠券等，来吸引用户的参与。

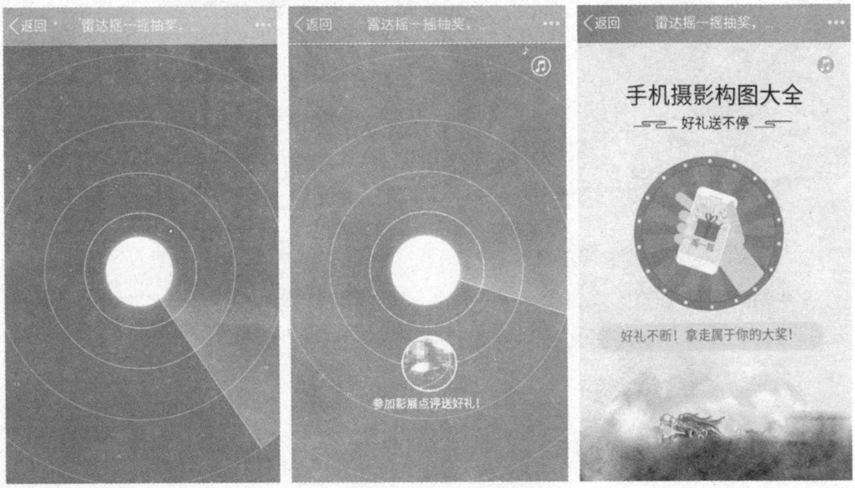

▲图 4-57 预览雷达扫描的效果

041 照片海报：起到"传播 + 营销"的目的

优秀的 H5 营销作品通常采用"文字 + 图片"的模式，来展现产品特性或促销信息，抑或是活动主题，以达到"传播 + 营销"的目的。

使用人人秀的照片海报功能，可以在 H5 页面中快速添加富有画面感的海报图、广告图，企业可以在其中利用促销信息激发消费者的兴趣，不过促销信息不能太多，有一个主题即可。

下面以人人秀为例，介绍在 H5 页面中添加"海报"插件的操作方法。

（1）打开人人秀编辑器，更换好背景。单击"互动"按钮展开其操作面板，选择"活动"类目中的"海报"插件，如图 4-58 所示。

（2）执行上述操作后，添加"海报"插件，单击"上传"按钮即可上传自定义的海报图片，然后调整海报图片，生成专属海报，并发布作品，如图 4-59 所示。

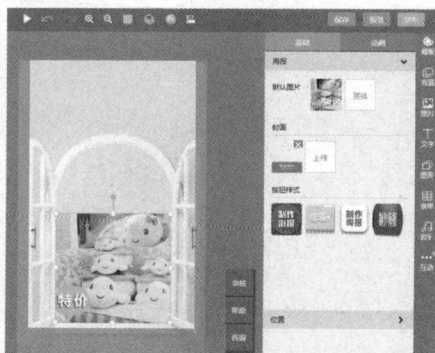

▲图 4-58 选择"海报"插件　　　　　　　▲图 4-59 设置"海报"插件

在 H5 作品中加入海报可以用于裂变传播，成功的海报需要卖点，有了卖点才能吸引消费者的眼球，只有吸引了消费者的眼球，才能将产品详情展现到消费者的面前，通过 H5 更好地宣传产品。

> 海报一般是体现促销信息的图片，其风格很重要，这是决定消费者是否能被海报吸引的重要因素。通常海报需要注意构图方式、是否突出促销主题、是否具有一个独特的风格等问题。

温馨提示

第5章

活动策划:
引爆热度提升粉丝黏性

学前提示 >>>

在H5的制作过程中,除了要对内容进行优化外,活动也是必不可少的一环,活动是H5吸引用户的有力形式,可以最大限度地引爆H5页面的热度,提升粉丝的黏性。本章主要介绍投票、抽奖、砸金蛋、红包、砍价、集字、问卷调查等常见H5活动的应用技巧。

要点展示 >>>

◆ 投票活动:投票众筹互动活动,吸粉首选

◆ 大转盘抽奖:以抽取奖品的形式与粉丝互动

◆ 摇一摇:多种奖励发放机制吸引粉丝参与

◆ 砸金蛋:烘托氛围,提高粉丝的参与度

◆ 红包活动:帮助企业高效连接用户

◆ 口令红包:具有针对性的营销活动

◆ 天天拼字红包:可以激发人们的挑战欲望

◆ 好友砍价:吸引粉丝主动邀请好友助力砍价

◆ 问卷调查:更高效的收集和更广泛的传播

◆ 全民集字:在朋友圈掀起集字浪潮,实现品牌曝光

042 投票活动：投票众筹互动活动，吸粉首选

投票活动是一种与众筹非常类似的营销活动。企业可以在 H5 中添加投票活动，并设置相应的奖励机制，用来快速吸粉增粉。

例如，人人秀平台的照片投票插件就是一个不错的投票互动工具，适合用于"萌宝大赛""学员投票"等微信上比较流行的投票活动应用场景。企业可以借用该插件来开发营销活动，吸引用户自行上传照片参加比赛，然后根据这些照片的点赞、分享和评论数量来作为评选依据，快速选出最受欢迎的照片，同时还能让投票者和参赛者进行很好的互动。

下面以人人秀为例，介绍在 H5 页面中添加"照片投票"插件的操作方法。

（1）打开人人秀编辑器，更换好背景。单击"互动"按钮展开其操作面板，选择"活动"类目中的"照片投票"插件，如图 5-1 所示。

（2）执行操作后，即可导入"照片投票"插件，单击右侧的"投票设置"按钮，如图 5-2 所示。

▲图 5-1 选择"照片投票"插件　　　　▲图 5-2 单击"投票设置"按钮

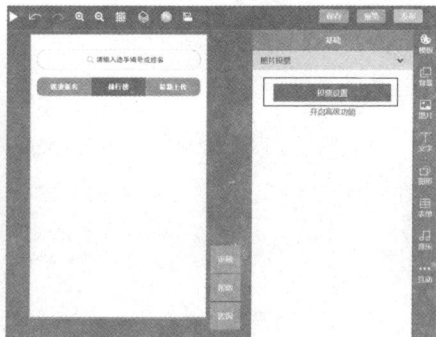

> **温馨提示**　　在节假日或企业重大纪念日期间，都可以举办各种选举、评优等活动，此时通过人人秀的照片投票功能制作一个 H5 页面，是非常合适的营销方法。

（3）设置"活动名称"为"手机摄影构图比赛"，在"开始时间"和"结束时间"选项中可以设置投票活动的起始日期和结束日期，单击鼠标即可弹出日期选框，如图 5-3 所示。设置好活动时间后，如果用户不在此时间范围内浏览 H5 时，是无法进行投票的。

（4）在"活动类型"列表框中，可以选择"照片投票"或"照片 + 语音投票"

两种不同的活动类型，如图 5-4 所示。

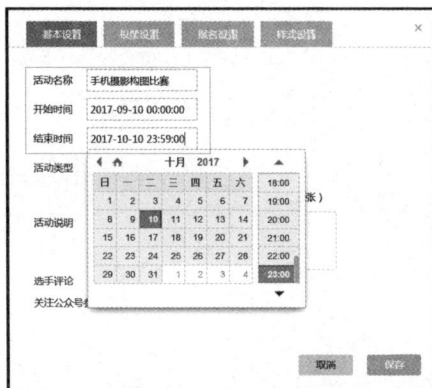

▲图 5-3 设置活动时间   ▲图 5-4 选择活动类型

温馨
提示

　　选择"照片＋语音投票"选项后，参赛者在报名时可以录制一段音频文件作为自己的拉票宣言，投票者可以在投票页面播放音频。比起传统的投票方式，"照片＋语音"的双重投票方式针对性更强，非常适用于歌手大赛等赛事场景。

　　（5）在投票方式的下方，还可以选择上传照片的数量，默认为"上传 1 张照片"，如图 5-5 所示。注意，人人秀平台还支持上传多图（最多上传 5 张），即一名选手可以在报名页面上传多张照片。排行榜页面将会显示每位参赛者的第一张照片，进入选手详情页，则可以对全部照片进行查看。

　　（6）输入相应的活动说明，如图 5-6 所示，活动说明将会显示在投票窗口的最上方。

▲图 5-5 选择上传照片数量   ▲图 5-6 输入活动说明

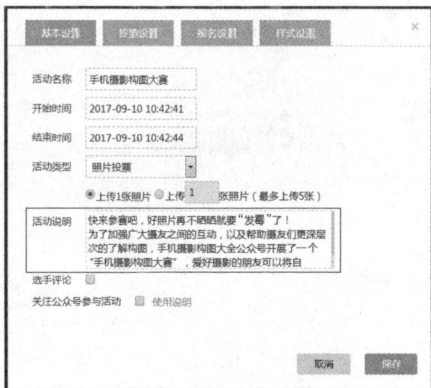

（7）切换至"投票设置"选项卡，在此可以设置投票次数、投票地址限制、投票后触发功能、每人每天只能为同一个人投 1 票、分享后额外获得一次投票机会，以及"高级防刷票"选项，如 IP 限制（普通）、微信授权（较强），如图 5-7 所示。

（8）切换至"报名设置"选项卡，在此可以设置报名状态、开启报名审核、报名地址限制设置以及报名表单设置等选项，如图 5-8 所示。

▲图 5-7 "投票设置"选项卡　　　　　▲图 5-8 "报名设置"选项卡

（9）切换至"样式设置"选项卡，可以对投票栏的样式进行更改。在"风格颜色"列表框中可以设置按钮的颜色，如图 5-9 所示。

（10）在"投票列表"列表框中可以设置每行显示的选手数目，也可以自由设置每一行显示几名选手。选择"一栏"选项代表每行一名选手，选择"两栏"选项则是每行两名选手，如图 5-10 所示。

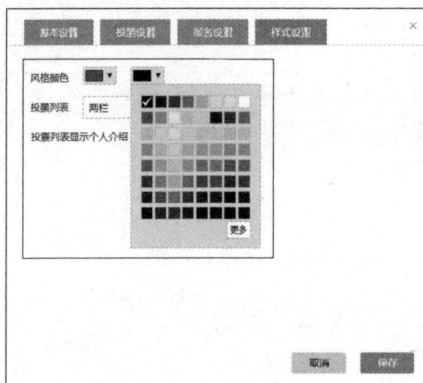

▲图 5-9 "风格颜色"设置　　　　　▲图 5-10 "投票列表"设置

（11）设置完成后，单击"保存"按钮，即可完成照片投票插件的设置，如图 5-11 所示。

（12）保存发布 H5 页面后，即可查看投票活动，如图 5-12 所示。

▲图 5-11 完成照片投票插件的设置

▲图 5-12 查看投票活动

（13）单击"我要报名"按钮，上传照片并添加相应的报名信息，然后单击"提交报名"按钮即可，如图 5-13 所示。

（14）报名成功后，即可将照片展示到活动页面中，如图 5-14 所示。

▲图 5-13 活动报名页面

▲图 5-14 报名成功

（15）进入 H5 后台的"数据汇总"页面，可以查看投票活动的状态，并对照片投票进行管理，如图 5-15 所示。

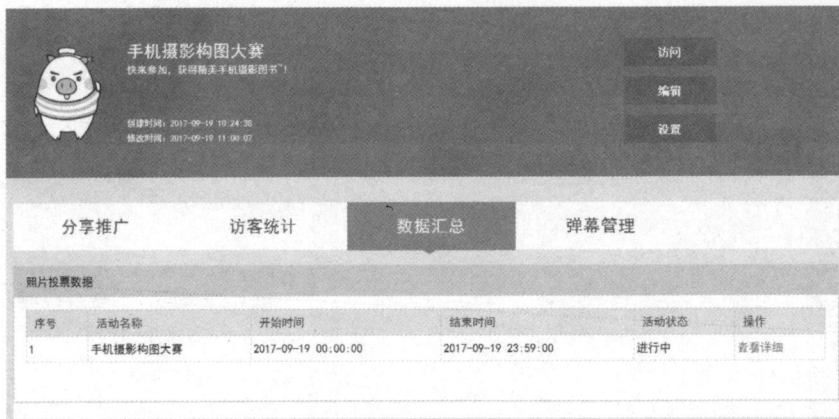

▲图 5-15 "数据汇总"页面

（16）单击"查看详细"链接，在"照片投票数据详情"页面可以对参赛照片进行审核，禁止不合格照片参选；也可以查询投票记录和评论记录了解每一票的来源，如图 5-16 所示。

▲图 5-16 "照片投票数据详情"页面

温馨提示　当企业在查询投票记录时，可以看到投票者的微信头像、昵称和 IP 地址

043 大转盘抽奖：**以抽取奖品的形式与粉丝互动**

大转盘抽奖也叫"抽奖转盘"，主要是将奖品放置在一个圆形的面板周围，并在面板中间设置一根指针，形状与时针类似。当用户在转动转盘时，指针会转动，当指针停留某处并指向某个奖品时，用户即可获得该奖品，如图 5-17 所示。

▲图 5-17 大转盘抽奖 H5 页面

044 摇一摇：**多种奖励发放机制吸引粉丝参与**

摇一摇的作用与雷达类似，也是一种常见的 H5 趣味营销工具，主要是模拟微信摇一摇的互动模式，从而更好地集中用户的注意力，使其能够更快地看到企业的营销主题。

下面以人人秀为例，介绍在 H5 页面中添加"摇一摇"插件的操作方法。

（1）打开人人秀编辑器，更换好背景。单击"互动"按钮展开其操作面板，选择"趣味"类目中的"摇一摇"插件，如图 5-18 所示。

（2）执行操作后，即可插入"摇一摇"插件，如图 5-19 所示。

▲图 5-18 选择"摇一摇"插件

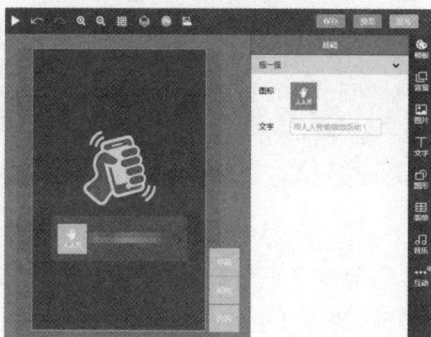

▲图 5-19 插入"摇一摇"插件

（3）选择所插入的"摇一摇"插件，在页面右侧上传相应的活动图标和宣传标语，即可完成"摇一摇"H5 页面的制作，如图 5-20 所示。

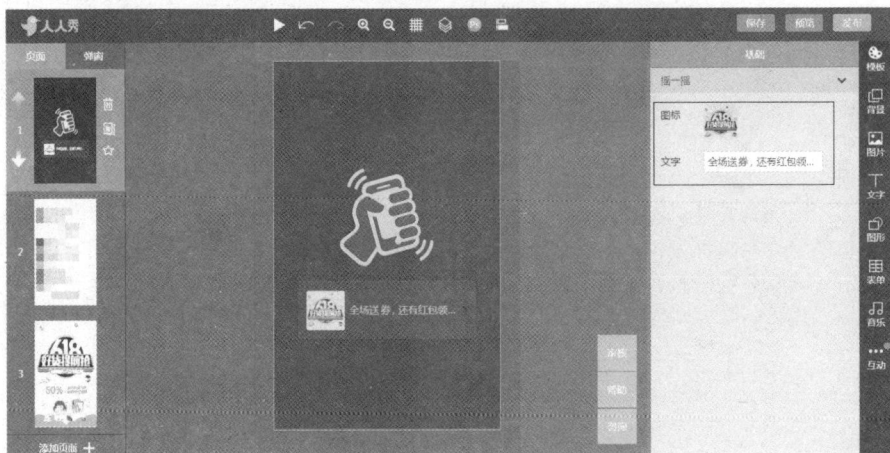

▲图 5-20 设置"摇一摇"插件

在 H5 页面中插入"摇一摇"插件后，用户只有在摇出了活动图标和宣传标语后，才可通过单击的方式进入下一页，如图 5-21 所示。

▲图 5-21 "摇一摇"界面

在设计"摇一摇"营销活动时，企业必须充分利用好活动图标和宣传标语，尽量吸引更多的用户，告诉用户通过手机"摇一摇"可以摇出广告领红包和更多的惊喜。

在"摇一摇"后面的具体活动页面中，企业可以提供多种奖励发放机制吸引用户参与，如图 5-22 所示。另外，也可以将"摇一摇"玩法进行升级，做成"摇一摇"抽奖，增强 H5 页面的互动性。

▲图 5-22 摇一摇活动的奖励机制

045 砸金蛋：烘托氛围，提高粉丝参与度

在传统实体店铺进行庆典活动时，经常会使用到"砸金蛋"这个有趣的小游戏，以此烘托出热闹的活动氛围，引发顾客的参与热情，如图 5-23 所示。

▲图 5-23 "砸金蛋"活动

如今，"砸金蛋"也被移植到了 H5 作品中，成为一种热门的营销活动，企业可以在线上进行"砸金蛋"活动，给新老顾客发放代金券等奖品，使品牌在游戏的传播过程中深入粉丝心中，如图 5-24 所示。

▲图 5-24　"砸金蛋" H5 活动

　　"砸金蛋"最常用的派奖方式是抽奖，当然，企业举办这种营销活动的主要目的是让用户尽可能抽到代金券，因此在制作 H5 活动时，可以适当调低抽奖门槛。同时，鼓励用户开启好友助力，选择分享赢取奖励，以此为 H5 活动扩大影响力。

046　红包活动：帮助企业高效连接用户

　　当微信推出红包功能后，红包就一直是人们关注的重点，尤其是新年期间，微信群几乎被红包引爆，朋友圈被红包活动刷屏。红包如今已经成为企业在线上线下吸粉引流的有效工具，红包很容易引起人们的注意，是一个有效的引流入口，营销者可以在 H5 的推广内容中多添加"红包"关键词。

　　例如，人人秀平台上的微信红包有很多种不同的类型，如口令红包、语音红包、分时发放、裂变红包、流量红包、一人一码和 VR 红包等多种样式，用来满足企业在不同场景的不同需求，帮助企业达到快速宣传、促进销售的目的。

1. 微信红包 H5 营销活动

　　下面以人人秀为例，介绍在 H5 页面中添加"微信红包"插件的操作方法。

　　（1）打开人人秀编辑器，更换好背景。单击"互动"按钮展开其操作面板，选择"红包"类目中的"微信红包"插件，如图 5-25 所示。

　　（2）执行操作后，即可插入"微信红包"插件，如图 5-26 所示。

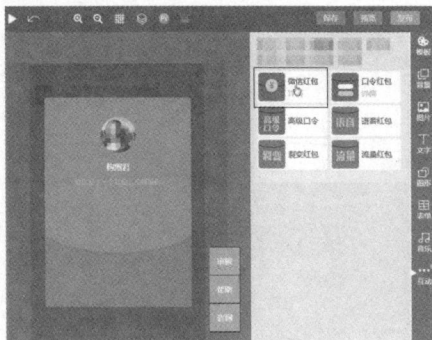

▲图 5-25 选择"微信红包"插件　　　▲图 5-26 插入"微信红包"插件

（3）在页面右侧的"微信红包"选项区中，可以设置红包的样式，有 4 种不同的样式可供用户选择，如图 5-27 所示。也可以单击"+"按钮，上传自定义的红包样式。

（4）红包样式下方会显示红包目前的基本状况，如红包活动的开始时间、结束时间、已发放金额、账号红包余额、是否显示红包状态等，企业可以单击"充值"按钮在此进行充值，如图 5-28 所示。

> **温馨提示**　　需要注意的是，在给 H5 中的红包进行充值时，人人秀和微信平台会根据企业的充值金额抽取少量的服务费和渠道费用。

▲图 5-27 设置红包的样式　　　▲图 5-28 "微信红包"插件的其他设置

（5）单击"红包设置"按钮，在弹出的"微信红包"对话框中，可以设置红包的活动时间、活动总金额（单次金额不能低于 10 元）、红包金额（最低 1 元，最高 200 元）、中奖率（中奖率最低为 20%）、是否允许重复抢红包（针对抢到 0 元用户）等基本属性，还可以进行位置限制、分享后获得一次额外抽奖机会、时

段红包以及红包弹幕（提高抽奖气氛）等高级设置，如图 5-29 所示。

（6）单击"下一步"按钮，可以设置微信红包的活动名称、公司名称、活动祝福以及活动备注等选项，如图 5-30 所示。

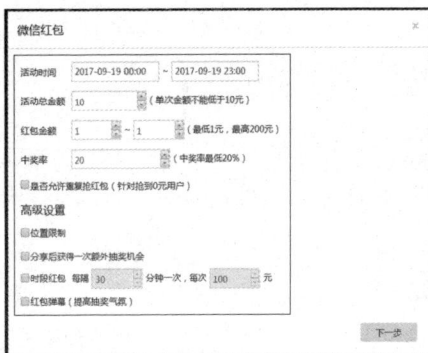

▲图 5-29 设置"微信红包"

▲图 5-30 "微信红包"的其他设置

（7）单击"保存"按钮，弹出充值提示，根据操作可为红包进行充值，如图 5-31 所示。

（8）在"微信红包"选项区中，单击"开启高级功能"链接，企业可以根据自己的需要选择开启更多的高级功能，如图 5-32 所示。

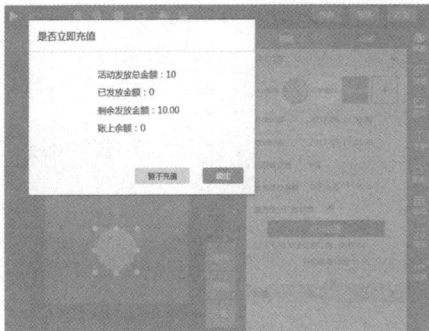

▲图 5-31 弹出充值提示

▲图 5-32 开启更多高级功能

（9）保存并发布 H5 页面后，即可查看微信红包的活动效果，如图 5- 33 所示。通过结合 H5 页面与微信红包的活动玩法，不但可以让用户体验到 H5 营销丰富、有趣的互动活动，还可以让用户体验在微信中拆红包的乐趣。

▲图 5-33 预览 H5 红包活动效果

当企业的活动规模比较大时，也可以通过"使用自己公众号发红包"的功能，来宣传品牌，实现更好的引流和宣传效果。人人秀平台上的企业高级版及以上的用户可以通过绑定微信公众号，获取公众号推送红包的消息，让用户直接通过微信来领红包，而无须再经过 H5 页面。

2. 语音红包 H5 营销活动

另外，人人秀平台还可以在 H5 中添加语音红包，这是微信红包的一种升级模式，用户只有对着手机说出企业指定的口令后，才能领取该红包，其互动效果比普通红包更好。

下面以人人秀为例，介绍在 H5 页面中添加"语音红包"插件的操作方法。

（1）打开人人秀编辑器，更换好背景。单击"互动"按钮展开其操作面板，选择"红包"类目中的"语音红包"插件，如图 5-34 所示。

（2）执行上述操作后，即可插入"语音红包"插件，如图 5-35 所示。

▲图 5-34 选择"语音红包"插件   ▲图 5-35 插入"语音红包"插件

（3）单击右侧的"红包设置"按钮，弹出"语音红包"对话框，在"语音内容"列表框中可以添加相应的语音内容，按回车键确认输入，最多可以输入 5 个语音内容，如图 5-36 所示。

（4）保存并发布 H5 后，即可查看语音红包效果，如图 5-37 所示。

▲图 5-36 添加相应的语音内容   ▲图 5-37 语音红包 H5 页面

语音红包会收集用户所发送的语音，用户可以在个人中心对其进行查看。

3. 流量红包 H5 营销活动

传统上发送的红包基本都是现金，而流量红包则主要以无线流量作为奖品。

下面以人人秀为例，介绍在 H5 页面中添加"流量红包"插件的操作方法。

（1）打开人人秀编辑器，更换好背景。单击"互动"按钮展开其操作面板，选择"红包"类目中的"流量红包"插件，如图 5-38 所示。

（2）执行上述操作后，即可插入"流量红包"插件，如图 5-39 所示。

▲图 5-38 选择"流量红包"插件　　　　　▲图 5-39 插入"流量红包"插件

（3）单击右侧的"红包设置"按钮，在弹出"红包设置"的对话框中，可以设置活动名称、活动时间、活动总金额、中奖短信提醒、到账短信提醒、失败短信提醒等选项，同时可以查看已发放金额、剩余发放金额、账户金额等，也可以单击"充值"链接给红包充值，如图 5-40 所示。

（4）单击"下一步"按钮，可以设置移动、联通、电信用户的不同流量包的中奖概率，如图 5-41 所示。设置完成后，单击"保存"按钮保存设置即可。

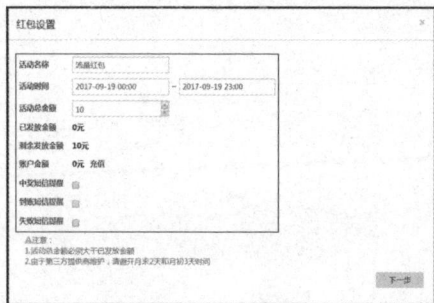

▲图 5-40 "红包设置"对话框　　　　　▲图 5-41 设置中奖概率

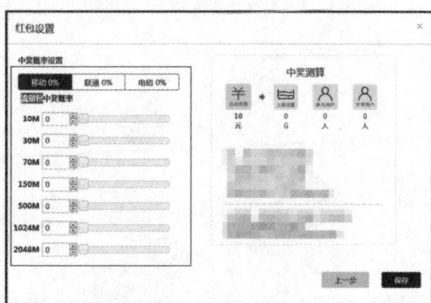

（5）在右侧的"流量红包"选项区中，单击"皮肤设置"按钮，弹出"皮肤设置"对话框，在对话框中可以设置按钮图片、按钮文字和输入框文字的皮肤样式，如图 5-42 所示。

（6）例如，选择"按钮文字"，单击"修改"按钮，在弹出"皮肤文本设置"对话框中可以修改背景颜色和文字颜色，单击"保存"按钮即可保存设置，如图 5-43 所示。

▲图 5-42 "皮肤设置"对话框　　　　　　▲图 5-43 "皮肤文本设置"

（7）保存并发布 H5 页面后，即可查看流量红包的活动效果，如图 5-44 所示。人人秀平台提供的流量红包插件所发放的流量支持全网通，包括移动、联通、电信等不同网络端的用户。

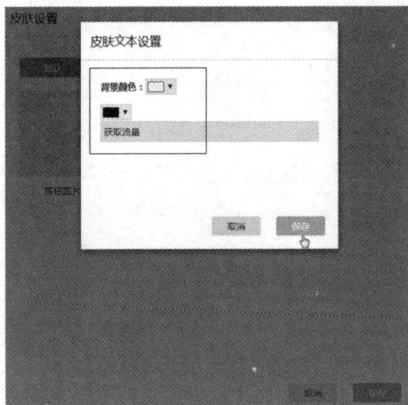

▲图 5-44 预览 H5 流量红包活动效果

4. 裂变红包 H5 营销活动

为了更好地促进用户对 H5 营销活动进行分享和传播，企业可以在 H5 页面中添加裂变红包插件，这样用户每次在 H5 中抽得一次红包奖励，还可以收获相应的裂变红包。裂变红包对企业的 H5 营销活动有很好的推动作用，能够激发用户的分享欲望，极大地提升 H5 页面的分享率，使其传播范围更大。

下面以人人秀为例，介绍在 H5 页面中添加"裂变红包"插件的操作方法。

（1）打开人人秀编辑器，更换好背景。单击"互动"按钮展开其操作面板，选择"红包"类目中的"裂变红包"插件，如图 5-45 所示。

（2）执行上述操作后，即可插入"裂变红包"插件，如图 5-46 所示。

▲图 5-45 选择"裂变红包"插件

▲图 5-46 插入"裂变红包"插件

（3）单击右侧的"红包设置"按钮，在弹出的"基本设置"对话框中可以设置活动时间、抽奖红包金额、中奖率、是否允许重复抢红包、裂变红包金额、裂变红包个数等选项，如图 5-47 所示。

（4）切换至"信息设置"选项卡，设置红包活动的相关信息，如图 5-48 所示。

▲图 5-47 "基本设置"对话框

▲图 5-48 "信息设置"选项卡

（5）保存并发布 H5 页面后，即可查看流量红包的活动效果，如图 5-49 所示。对于裂变红包活动来说，红包的裂变是重点，只有分享并凑齐人数后才能领取。

▲图 5-49 预览 H5 裂变红包活动效果

047 口令红包：**具有针对性的营销活动**

口令红包原本是手机 QQ 中的一种红包玩法，用户在给好友发送红包时，可以设置相应的口令，其他好友在领取红包时需要输入正确的口令，才能抢到红包，这样可以提高红包的获取门槛。企业可以通过口令红包活动，将口令隐藏在产品或品牌的宣传页面中，让用户去关注相应品牌或产品，以获取红包口令。口令红包的主要优势如图 5-50 所示。

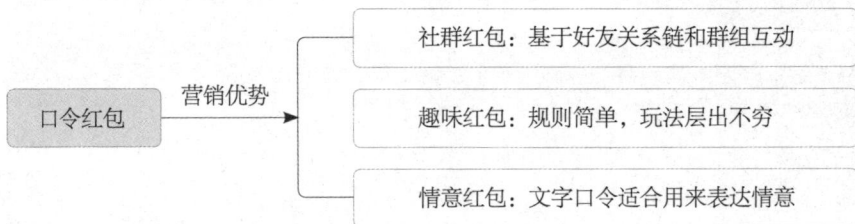

▲图 5-50 口令红包的主要优势

1. 口令红包 H5 营销活动

如今，企业也可以通过 H5 来给用户发送口令红包，这种形式特别适用于开业酬宾、企业活动、员工福利、商品促销、产品宣传等场景。

下面以人人秀为例，介绍在 H5 页面中添加"口令红包"插件的操作方法。

（1）打开人人秀编辑器，更换好背景。单击"互动"按钮展开其操作面板，选择"红包"类目中的"口令红包"插件，如图 5-51 所示。

（2）执行上述操作后，即可插入"口令红包"插件，如图 5-52 所示。

▲图 5-51 选择"口令红包"插件　　　　▲图 5-52 插入"口令红包"插件

（3）在右侧的"口令红包"选项区中，比普通的微信红包多了 3 个基本设置，分别为红包口令、按钮背景色、按钮文字颜色。在"红包口令"文本框中，可以输入希望用户填写的口令，如"构图君，新年快乐"，并且可以更改按钮背景色和文字颜色，如图 5-53 所示。

（4）单击"红包设置"按钮，弹出"微信红包"对话框，其他设置与微信红包类似，如图 5-54 所示。

▲图 5-53 设置红包口令　　　　▲图 5-54 口令红包的其他设置

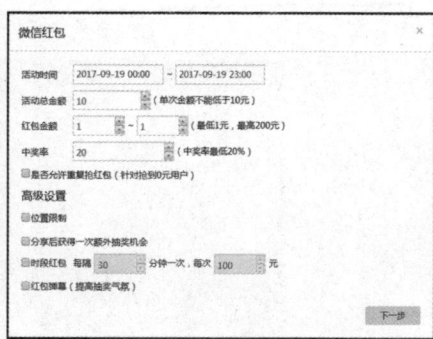

（5）保存并发布 H5 页面后，即可查看口令红包的活动效果，如图 5-55 所示。口令红包只有在用户输入了指定的口令后才能够领取红包，以此增强与用户的互动性。

▲图 5-55 预览 H5 口令红包活动效果

2. 高级口令红包 H5 营销活动

在普通口令红包的基础上，人人秀平台还针对一些特殊的红包营销场景，推出了高级口令红包功能，可以更精准地对接奖品和特定领奖人。

【案例】：《高级口令红包，大礼送不停》

《高级口令红包，大礼送不停》是人人秀推出的一个口令红包模板，如图 5-56所示。企业可以选择多种的口令形式，或自定义口令，还可以选择红包、实物、兑奖券等奖品类型，支持对领奖人信息、红包样式进行设置。若企业设置口令形式为手机号码，则用户必须填写手机号码的口令形式，否则将无法领奖。

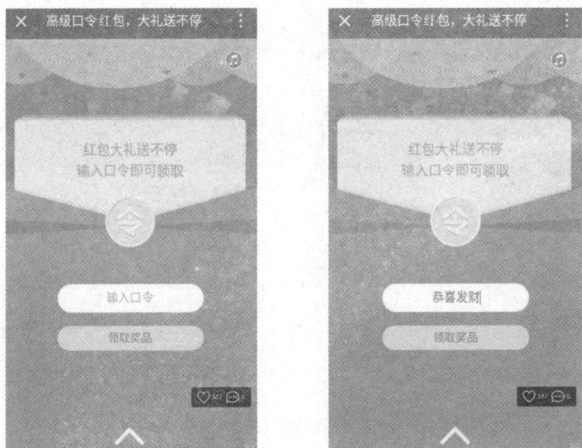

▲图 5-56 《高级口令红包，大礼送不停》H5 高级口令红包活动页面

048 天天拼字红包：**可以激发人们的挑战欲望**

天天拼字红包是一种"拼字游戏 + 红包奖励"的 H5 页面，能够很好地激发用户的挑战欲望，而且企业可以设置助力领奖，让用户参与分享，从而实现品牌的传播。

👉 **【案例】：《天天拼字抢红包》**

《天天拼字抢红包》是由"小情报"公众号通过有娱平台推出的一个 H5 活动，如图 5-57 所示。进入 H5 活动页面后，根据上方的诗句提示，在下面的文字方块中找到所有正确的词语，即可获得相应金额的红包奖励。

▲图 5-57 《天天拼字抢红包》H5 页面

另外，用户还可以分享活动，邀请更多的好友参与，与他们一起拆红包，以此增加获得红包奖励的机会，获得的现金红包将直接发送到用户的微信零钱中。

049 好友砍价：**吸引粉丝主动邀请好友助力砍价**

好友砍价活动是一种非常重要的 H5 营销手段，企业可以在 H5 页面中发布需要推广的产品或服务，并制定一个原价与活动优惠价，规定相应的砍价人数。用户打开 H5 页面后，可以将其分享给好友，邀请好友帮助砍价，邀请的人数越多，价格砍得越低，直至砍至企业设置的活动优惠价为止，用户可按照砍得的价格购买相关的产品或服务，如图 5-58 所示。

▲图 5-58 好友砍价活动 H5 页面

砍价活动是一种非常实用的裂变式营销工具，可以让 H5 营销形成"病毒式"的传播效果，尤其是将其投放到各种活跃的微信群后，宣传规模将呈现出指数增长，引流效果会增强，范围也会大幅扩大。图 5-59 所示为 H5 好友砍价活动的营销优势。

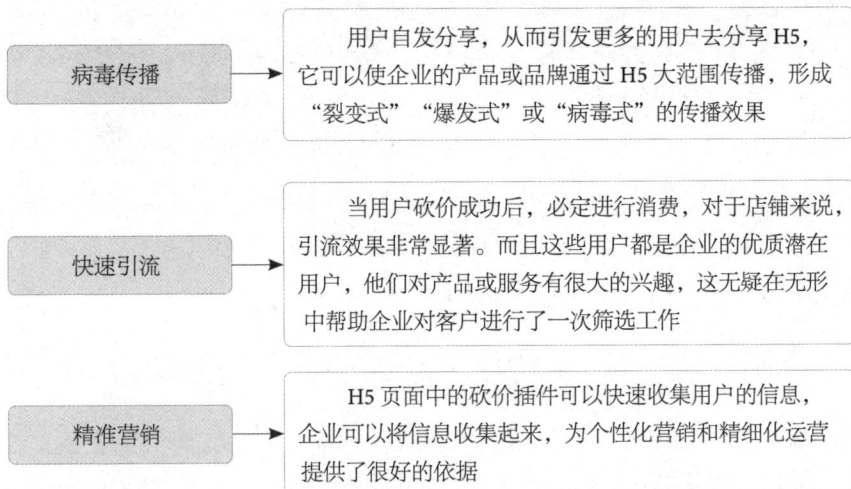

病毒传播	用户自发分享，从而引发更多的用户去分享 H5，它可以使企业的产品或品牌通过 H5 大范围传播，形成"裂变式""爆发式"或"病毒式"的传播效果
快速引流	当用户砍价成功后，必定进行消费，对于店铺来说，引流效果非常显著。而且这些用户都是企业的优质潜在用户，他们对产品或服务有很大的兴趣，这无疑在无形中帮助企业对客户进行了一次筛选工作
精准营销	H5 页面中的砍价插件可以快速收集用户的信息，企业可以将信息收集起来，为个性化营销和精细化运营提供了很好的依据

▲图 5-59 口令红包的主要优势

当然，好友砍价活动真正实行起来，还需要企业在选品和推广渠道上多下功夫，砍价活动的营销技巧如图 5-60 所示。

```
                          ┌─────────────────────────┐
                          │    首先要降低消费者的决策成本，│
              ┌───────────┤  消除他们的顾虑            │
          选品方面 ├────────│    然后要尽可能选择热门的大众型│
              └───────────┤  的商品                   │
                          │    设定的目标价格要尽可能低，达│
                          │  到薄利多销的目的          │
                          └─────────────────────────┘

好友砍价活动                ┌─────────────────────────┐
                          │    通过公众号进行预热宣传，吸│
              ┌───────────┤  引粉丝参与              │
              │          │    通过个人微信转发到朋友圈中│
              │          │    通过多个微信群，形成"病毒式"│
              │          │  传播效应                │
          推广渠道 ├────────│    通过线下实体店，使用二维码宣│
              └───────────┤  传引流                  │
                          │    通过线下宣传，发放 H5 砍价活│
                          │  动的宣传单              │
                          │    其他社交媒体推广，如 QQ、微│
                          │  博、贴吧等，通过这些社交平台来展│
                          │  示 H5 砍价活动          │
                          └─────────────────────────┘
```

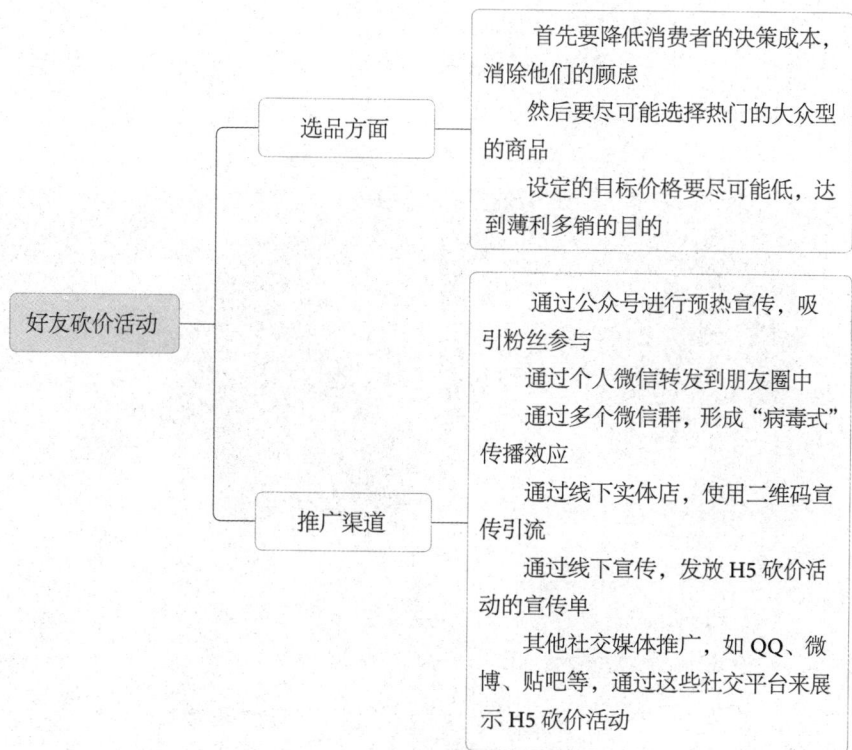

▲图 5-60 好友砍价活动的营销技巧

> 温馨
> 提示
>
> H5 好友砍价活动可以用于那些难销售、难成交、难推广的大单商品，通过其裂变式传播的属性扩大大单商品的推广面，提升商品的成交量。另外，H5 好友砍价活动还可以改变用户的消费心理，让他们的消费意愿得到提升。例如，很多人都不愿意错过优惠活动，因此 H5 可以让他们由"花钱买产品"转变为"花更少的钱买优惠"，这样的消费方式用户也更容易接受。

050 问卷调查：**更高效的收集和更广泛的传播**

问卷调查是一种用于收集用户信息、反馈的活动，企业可以制作问卷调查 H5 页面，对消费者意愿进行调查，从而知晓用户的购买意向。

问卷调查的功能与在线表单看上去比较相似，但各有各的长处，表单善于收集用户信息，而问卷调查则可以获取更多的用户意向和意见反馈，如调查用户常用的洗发水品牌、用户最喜欢玩的游戏等。问卷调查非常适合一些时间比较紧急、不能设置答案数量的场景，而且还可以作为投票选举活动的工具。

下面以人人秀为例，介绍在 H5 页面中添加"问卷调查"插件的操作方法。

（1）打开人人秀编辑器，更换好背景。单击"互动"按钮展开其操作面板，选择"活动"类目中的"问卷调查"插件，如图 5-61 所示。

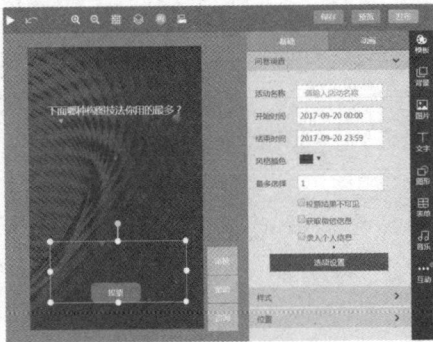

（2）执行上述操作后，即可插入"问卷调查"插件，如图 5-62 所示。

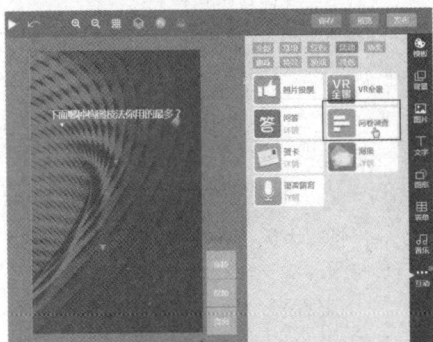

▲图 5-61 选择"问卷调查"插件　　　　▲图 5-62 插入"问卷调查"插件

（3）在页面右侧的"问卷调查"选项区中填写活动名称，设置活动的起止日期，并为投票按钮设置颜色，如图 5-63 所示。

（4）单击"选项设置"按钮，在弹出的窗口中添加相应选项，如图 5-64 所示。

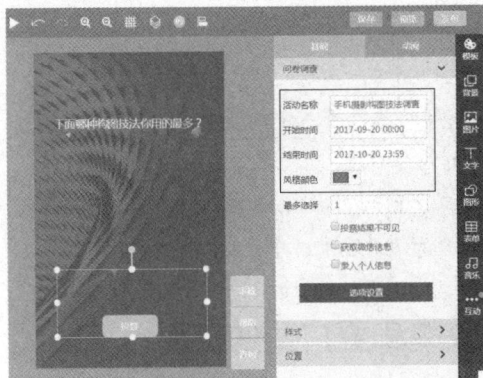

▲图 5-63 设置"问卷调查"插件　　　　▲图 5-64 添加相应选项

（5）单击"保存"按钮，即可添加相应选项，如图 5-65 所示。

（6）更改页面右侧"问卷调查"选项区中的"最多选择"选项，设置成相应数字即可，如图 5-66 所示。

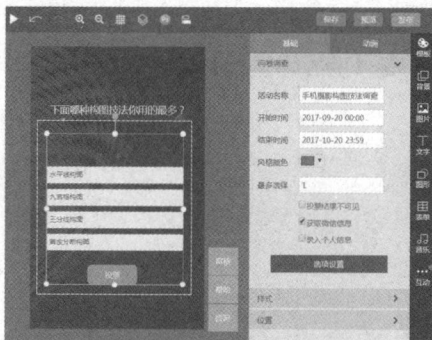

▲图 5-65 添加"问卷调查"选项　　　　　▲图 5-66 设置"最多选择"选项

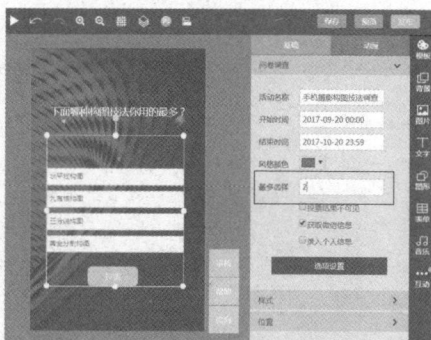

（7）保存并发布 H5 页面后，即可查看问卷调查的活动效果，如图 5-67 所示。用户打开 H5 页面后，可以选择相应数量的选项，单击"投票"按钮，即可参与问卷调查，并显示全部的投票情况。不过，问卷调查只支持单项或多项等不定项选择，不支持用户自行填写答案，企业可以根据需要灵活设置"最多选择"的数量，收集更多用户的意向数据。同时，企业也可以利用各种互动功能，将用户调查问卷 H5 活动推广出去。

▲图 5-67 预览 H5 用户调查活动效果

051 全民集字：**在朋友圈掀起集字浪潮，实现品牌曝光**

2016 年春节期间，支付宝推出了一个集福活动，并拿出了 2.15 亿元的奖金，用户只需集齐五福，即可平分这笔奖金，如图 5-68 所示。据悉，最终有 79 万多名用户集齐五福平分了大奖。其实，这只是支付宝为构建社交支付场景而推出的一个营销活动。

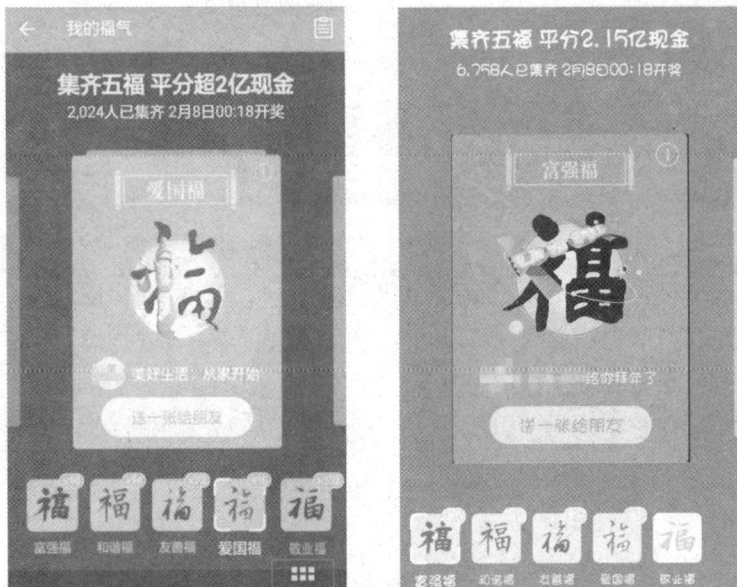

▲图 5-68 支付宝集五福活动

如今，这种新型的营销方式已经得到广泛应用，企业利用 H5 进行全民集字活动也让这种营销方式焕发新的光彩。

👉 【案例】：《集福赢好礼》

《集福赢好礼》是由凡科互动平台推出的一个 H5 集字游戏模板，玩法与支付宝集五福类似，如图 5-69 所示。《集福赢好礼》活动共有 5 张福卡，用户参与活动即可获赠一张福卡，其余 4 张需要通过好友帮忙获取，集齐 5 张福卡就有机会获得丰厚奖品。

《集福赢好礼》H5 其实也是一款助力游戏，其核心是通过分享活动给微信好友进行助力，通过微信好友分享来收集物品，在朋友圈掀起集字浪潮，实现品牌曝光。

▲图 5-69 《集福赢好礼》H5 活动页面

👉 【案例】：《新年翻福字》

《新年翻福字》是由人人秀平台推出的一个 H5 小游戏，这也是一种集字游戏的升级玩法，用户必须在规定的时间内翻转福字，使福字两两匹配，消失一组则获得一分，如图 5-70 所示。这个 H5 相比传统的集字活动挑战性更强，而且还提供了排行榜，吸引用户不断去挑战自己，创造更好的成绩。

▲图 5-70 《新年翻福字》H5 活动页面

第6章

传播渠道：
多渠道全方位传达信息

学前提示 >>>

　　H5的推广渠道非常多，包括微信朋友圈、公众号、微信群、微信好友、广点通、APP广告、QQ空间、自媒体、二维码以及线下活动等。H5不仅需要精美的内容，还需要在各种人群和不同的渠道中运营和营销，以期达到良好的传播效果。

要点展示 >>>

◆ 朋友圈：如何让你的H5刷爆朋友圈

◆ 公众号：为H5推广带来精准流量

◆ 微信群：获得潜在优质粉丝关注

◆ 微信好友：微信裂变引流，裂变式传播

◆ 广点通：助H5实现精确用户触达

◆ APP广告：让广告与H5内容完美结合

◆ QQ空间：高效传播亿万活跃用户

◆ 自媒体平台：互动性是新媒体独特的魅力

◆ 二维码：大大的提升H5推广效率

◆ 线下活动：H5+场景互动让用户记住你

052 朋友圈：**如何让你的 H5 刷爆朋友圈**

下面介绍将 H5 营销活动分享到朋友圈的操作方法。

（1）打开 H5 页面，单击右上角的"　●●●　"按钮，如图 6-1 所示。

（2）在展开的操作菜单中，单击分享到"朋友圈"按钮，如图 6-2 所示。

▲图 6-1 单击相应按钮　　▲图 6-2 单击"朋友圈"按钮

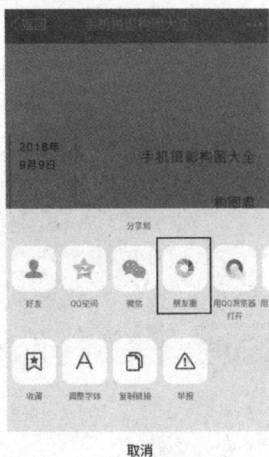

（3）进入朋友圈内容编辑界面，可以在此设置内容、位置、权限等，之后单击"发送"按钮，如图 6-3 所示。

（4）执行上述操作后，即可将 H5 分享到朋友圈中，如图 6-4 所示。

▲图 6-3 朋友圈内容编辑界面　　▲图 6-4 将 H5 分享到朋友圈中

（5）当微信好友看到 H5 链接后，单击即可打开浏览 H5，如图 6-5 所示。

▲图 6-5 浏览 H5

企业可以利用朋友圈的强大社交功能为自己的 H5 营销活动吸粉引流。而想要让用户转发分享，就必须有能够激发用户分享传播的动力，这些动力来源于很多方面，可以是活动优惠、集赞送礼，也可以是能打动用户的内容。总之，只有能给用户提供价值的内容才会引起用户的注意和关注。

053 公众号：为 H5 推广带来精准流量

如今，伴随着微信的火热发展，越来越多的企业、商家、个人都申请开通微信公众平台，用于营销或者其他用途。微信公众平台逐渐为企业进行商业营销及我们日常生活中获取信息不可或缺的渠道。

经营微信公众号的目的和经营 H5 活动的目的一样，我们不仅希望能有一个平台可以展示自己的 H5 作品，更希望能够在这个平台上把自己的 H5 作品转化为价值，最通俗的说法就是利用 H5 营销来实现盈利。

在微信公众号的营销中最容易被用户认可的、最能够得到用户的点赞和转发的，永远都是内容最好的。因此，我们首先要打造一个内容优秀的 H5 作品，并通过微信官方平台进行操作，即使用公众号的自动回复功能来推送 H5。如图 6-6 所示，这里介绍的三种公众号推广 H5 方式，无论是订阅号还是服务号，均可应用。

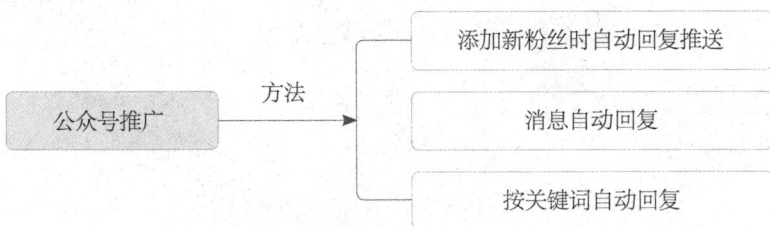

▲图 6-6 公众号推广 H5 的主要方法

自动回复的设置界面如图 6-7 所示。

▲图 6-7 自动回复的设置界面

用户还可以通过发布文章等来推广 H5 作品。H5 作品发布后，复制二维码下方的项目链接。在正文部分插入项目二维码，用户长按二维码自动识别，跳转至项目，如图 6-8 所示。也可以将项目链接填入图文信息中，便可使用微信图文信息传播 H5 项目。

▲图 6-8 编辑微信公众号图文信息

054 微信群：**获得潜在优质粉丝关注**

微信群营销已经成为时下最热门的营销模式之一，它同朋友圈一样，都是一些微信好友的集成平台，在 H5 营销过程中有利于目标客户的集结和信息的精准推送。

将 H5 营销活动分享到微信群的操作方法如下。

（1）打开 H5 页面，单击右上角的 ⋮ 按钮，展开操作菜单，单击"发送给朋友"按钮，如图 6-9 所示。

（2）进入"选择"界面，可以在"最近聊天"列表中选择相应的微信群，也可以创建新聊天，创建一个新微信群，将 H5 作品发送给指定的微信群，如图 6-10 所示。

▲图 6-9 单击相应按钮　　　　▲图 6-10 选择分享对象

（3）选择好微信群后，即可发送 H5 页面，如图 6-11 所示。

（4）微信群内的用户单击这个 H5 链接，即可打开如图 6-12 所示 H5 页面，浏览企业、产品或者相关营销活动等信息。

▲图 6-11 将 H5 分享到微信群　　　▲图 6-12 浏览 H5 页面

055 微信好友：**微信裂变引流，裂变式传播**

通过微信为 H5 引流的办法有很多种，作为个人微信来说，最开始想到的引流办法是通过微信群、附近的人来吸引粉丝，但是往往会遭到被踢出群或被无视的后果，因此，引流需要讲究方法。

1. 导入手机好友

导入手机好友是一种非常简单的引流方法，运营者在微信界面单击"➕添加朋友"按钮，进入"添加朋友"界面，选择"手机联系人"选项进入"查看手机通讯录"界面，单击联系人右侧的"添加"按钮即可添加通讯录的朋友，如图 6-13 所示。

▲图 6-13 导入手机好友的操作方法

> 👨 **专家提醒**　想要添加手机联系人，只要按照上述的提示操作，就能把手机里的好友添加到微信联系人里。目前，微信的最新版本中已经取消了 QQ 好友直接导入的功能。

2. 微信账号绑定手机号、QQ 号

一般情况下，新开通的微信账号通常是一串英文字母加数字的组合，比较烦琐，且不容易被记住。因此，微信账号最好是绑定手机号、QQ 号，这样别人通过手机号和 QQ 号就能够添加微信。

3. 合作互推

在介绍与其他微信运营者建立合作互推关系之前，笔者要提一下微信新规，笔者对微信新规的内容解读是：未禁止公众号互推。意思是微信团队并没有禁止所有公众号进行互推，但是禁止以利益交换为前提，且带有恶意营销性质的公众号进行互推。

在了解微信新规后，我们可以把微信互推好友进行分类，也就是具体应该和什么样的好友进行互推，具体如图 6-14 所示。

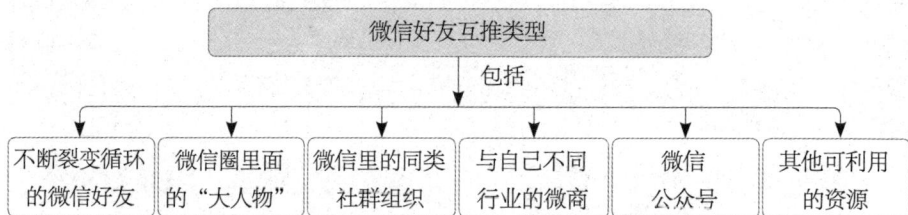

```
            ┌─────────────────────────────────┐
            │        微信好友互推类型           │
            └─────────────────────────────────┘
                          │
                         包括
                          ↓
```

| 不断裂变循环的微信好友 | 微信圈里面的"大人物" | 微信里的同类社群组织 | 与自己不同行业的微商 | 微信公众号 | 其他可利用的资源 |

▲图 6-14 微信好友互推类型

笔者建议大家进行微信好友互推时，多推人而不要直接推 H5，不要直接一上来就做广告。

4. 雷达加人

微信上有一个"雷达加朋友"的便捷功能，使用这个功能可以同时添加多人，因此对于聚会活动上添加好友是非常方便的。

在"添加朋友"界面选择"雷达加朋友"选项，即可进入雷达添加好友界面。使用"雷达加朋友"需要用户一起开启，互相雷达搜索，然后依次添加搜索到的人。雷达可以反复开启，直到好友添加完毕。

雷达加朋友的缺陷是目标性不强，只要是在一定范围内，开启雷达搜索的人都能互相搜索到。用户需要注意的是，因为一次性添加人数比较多，因此在添加好友时，要注意给对方添加备注信息，并同时告知对方自己的身份。

5. 主动添加

通过主动添加的方式来推广 H5，主要原因是：很多人都用微信绑定了手机号，所以通常情况下，可以通过手机号添加微信。添加微信的时候，有一个验证申请，微信营销者可以将自己微信公众号输入到验证申请信息中，然后单击"发送"按钮即可。

温馨
提示

> 　　在微信里推广 H5，传播效率比较高，因为微信是一种即时通信工具，商家或企业通过微信发布 H5 活动，用户可以在任何时间、任何地点进行查看。
>
> 　　从微信中衍生而来的"熟人经济"被越来越多的人们所接受，很多人把自己微信里的好友变成了自己的客户，这种角色转换源于朋友之间的相互信任，也因为如此，这也是微信营销最大的特色之一。

056　广点通：**助 H5 实现精确用户触达**

广点通是腾讯专为企业用户打造的社交广告平台，可以帮助企业高效实现营销目标，主要作用如图 6-15 所示。

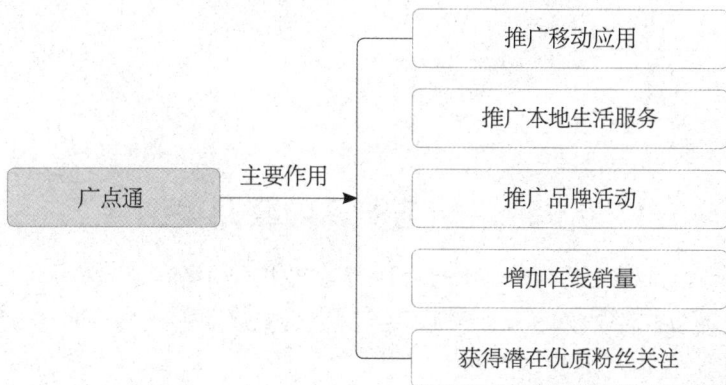

▲图 6-15　广点通的主要作用

广点通的广告资源非常丰富，可以精准覆盖超过 8 亿的优质用户，包括微信、QQ、QQ 空间、QQ 浏览器、应用宝等腾讯用户。企业可以与广点通进行合作来推广自己的 H5 营销活动，让活动覆盖面更广，如图 6-16 所示。

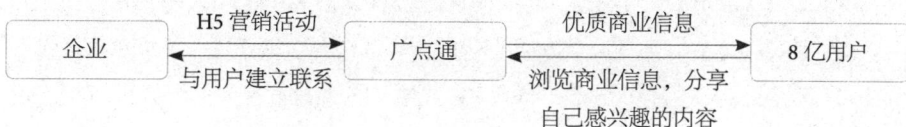

▲图 6-16　广点通可以更好地连接企业与用户

另外，广点通平台为企业用户提供了多种广告定向条件，例如人口属性、商业兴趣、使用设备、天气环境等，企业在推广 H5 营销活动时，可以设置适合达成自己营销目标的条件，来锁定精准的推广人群。

图 6-17 所示为 Apple 公司通过广点通来推广新款手机 iPhone X 的营销广告，其营销页面将展示在微信朋友圈中。

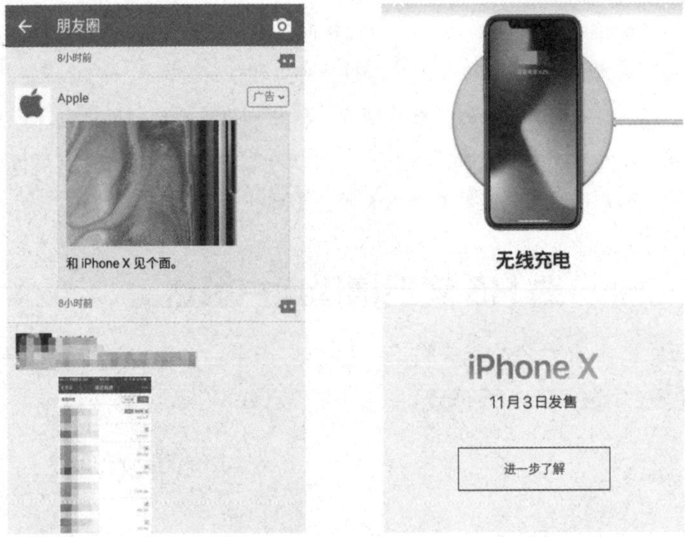

▲图 6-17 Apple 的营销广告

057 APP 广告：**让广告与 H5 内容完美结合**

APP 是可以在手机终端使用的应用程序，也称手机客户端。APP 引流就是指通过定制手机软件、SNS 及社区等平台上运行的应用程序，将 APP 的用户引入到 H5 页面中的引流方式。

如今，各种各样的 APP 众多，而且用户群体大，用户使用频率高，人们对很多 APP 已经形成了一种习惯性需求，如微信、支付宝、QQ、美团、大众点评等都是典型的代表。这些 APP 和基于 APP 的服务已经成为 H5 营销不可错过的强势流量入口。

在 H5 传播方面，企业借助 APP 可以实现内容跨界传播的效果，不仅可以将内容很好地传播出去，而且还能实现强强联合，让彼此变得更强，实现跨界共赢。例如，在某品牌手机的 APP 应用商店中，通过顶部的广告位，可以推广相应的 H5 活动。

058 QQ 空间：**高效传播亿万活跃用户**

2013 年，红米手机在 QQ 空间上出现了空前的销售盛况，相信很多人还记得：仅仅用了半小时，就有 100 万名用户参与红米手机的竞猜预约；红米手机在 QQ 空间仅用了三天的时间，便实现了高达 500 万的预约量。这就是 QQ 空间的营销力所在。

温馨
提示

　　我们可以通过 QQ 空间的 @ 功能引流，使用"提醒好友"最多可以提醒 30 个好友。QQ 空间中 @ 的用法一般有两种：发表说说时使用 @ 工具提醒好友查看；发表空间日志时，使用 @ 提醒好友查看。

　　如今，QQ 空间已经成为众多企业争相入驻的内容营销平台，可以通过图文信息、视频、促销活动等多种 H5 形式来实现快速吸粉引流。用户可以将 H5 页面快速分享到 QQ 空间，吸引其他好友参与、关注，如图 6-18 所示。

▲图 6-18 将 H5 分享到 QQ 空间

　　下面介绍一些 QQ 空间的具体引流方法，如图 6-19 所示。

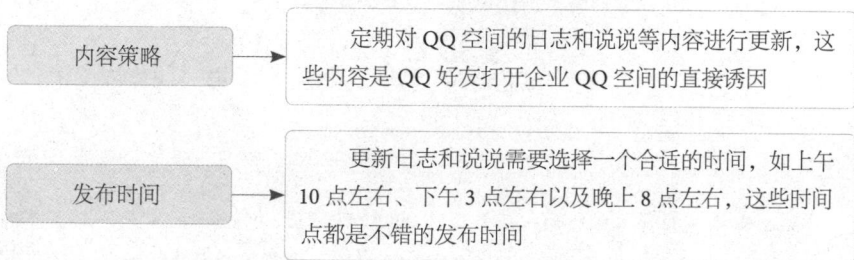

内容策略	定期对 QQ 空间的日志和说说等内容进行更新，这些内容是 QQ 好友打开企业 QQ 空间的直接诱因
发布时间	更新日志和说说需要选择一个合适的时间，如上午 10 点左右、下午 3 点左右以及晚上 8 点左右，这些时间点都是不错的发布时间

▲图 6-19 QQ 空间的具体引流方法

　　另外，QQ 的主要用户群体是年轻人，年轻人不但是 H5 最主要的用户群体，也是大多数企业、品牌的消费群体。因此，企业可以在 QQ 上广加好友进行推广，也可以运用 QQ 群来发展和管理粉丝，更好地通过 H5 来引流和传播品牌内容，实现更精准的 H5 营销。

059 自媒体平台：**互动性是新媒体独特的魅力**

对于营销活动来说，没有用户就没有影响力，因此吸引用户流量是 H5 营销的生存之本。在进行 H5 传播时，营销人员切不可只依赖单一的平台，在互联网中讲究的是"泛娱乐"战略，创业者可以围绕品牌营销定位核心，将 H5 向多个自媒体平台传播，以此来连接和聚合粉丝情感，加强与他们的互动，实现高效引流。

常见的自媒体营销平台包括今日头条、百度百家、腾讯微信公众号、新浪微博、一点资讯、易信公众平台、搜狐公众平台、腾讯媒体开放平台、腾讯 QQ 公众号、网易号媒体开放平台、网易云阅读开放平台、凤凰号媒体开放平台、UC ＋ 开放平台、UC 头条等，以及其他优秀的新媒体网站和新锐自媒体平台，这些都可以作为 H5 的传播渠道。图 6-20 所示为雀巢咖啡通过微博来推广自己品牌的 H5 广告。

▲图 6-20 通过微博推广 H5

如今，自媒体已成为一项全民时尚和全民事业，于企业而言是一个值得挖掘的发展空间。自媒体的利用不仅能给企业带来非常可观的直接收益，还有比直接收益更大的隐性利益空间，如知名度的提升、企业文化的宣传、产品的推广和优质客户的挖掘等。

温馨提示

060 二维码：**大大提升 H5 推广效率**

如今，在万人淘金的 H5 浪潮中，谁能先找到市场切入点快速引流，谁就是最大赢家。在移动互联网时代，二维码是连接线上线下的关键入口，让企业的 H5 传播变得更为高效。借助二维码，企业可以完成线上线下的互动，打通电商闭环。

二维码又叫作二维条形码，它主要利用黑白相间的图形来记录各种数据符号信息，使用智能手机等电子扫描设备扫描二维码，即可自动识别其中的信息并实现信息自动处理。

实质上，二维码的原理就是将各种文字、数字等信息转换为二进制数据，然后再将二进制数据转化为几何形体，简单来说，就是将信息换算成二进制数据的几何形体，并生成一个矩阵图，如图 6-21 所示。

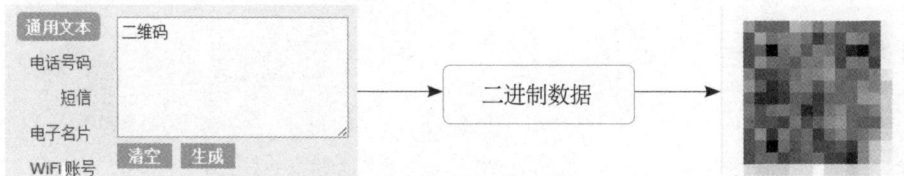

▲图 6-21 二维码的原理

二维码对 H5 的引流价值，就在于它可以进行线上线下互动营销，引导用户快速获取企业信息，提升品牌关注度并带动产品或服务销售。同时，二维码还是 H5 内容很好的承载者，可以将公告、通知、消息甚至文章等内容设置在这个二维码中，然后在微博、微信等社交网络中进行传播，让更多的用户扫描、阅读、转发，如图 6-22 所示。

▲图 6-22 通过二维码分享 H5 作品

使用二维码将用户直接引导至 H5 内容页面和电商平台，这样可以实现更全面、覆盖范围更广的传播，这也是其他引流渠道难以完成的。因此，二维码具有极大的营销价值，成为线上线下不可或缺的 H5 营销工具。

061 线下活动：**H5+ 场景互动让用户记住你**

H5 属于线上平台，但是同样有线下的营销方式。线下营销主要是针对线上的概念而言的，目标也以小的用户群体为主，主要营销方式如图 6-23 所示。

▲ 图 6-23 H5 线下活动推广方案

☞ 【案例】：《周六福百奖大转盘（第二轮）》

《周六福百奖大转盘（第二轮）》是由周六福推出的一个 H5 线下互动活动，如图 6-24 所示。

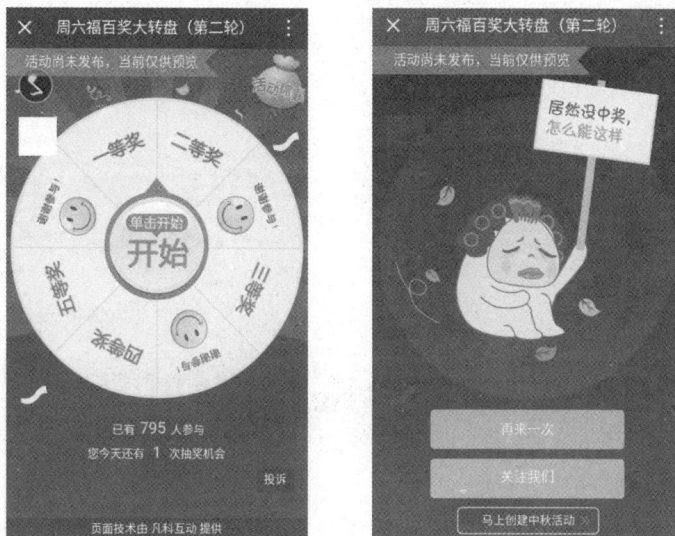

▲图6-24 《周六福百奖大转盘（第二轮）》H5活动页面

该活动使用了大转盘抽奖插件，单击页面中间的"开始"按钮即可参与抽奖，活动玩法非常简单、省时。另外，这个H5活动只能在周六福门店中参与，商家在传单和易拉宝上印上H5活动二维码，用户可以通过微信扫码分享信息，从而吸引更多用户到现场参加活动。同时中奖用户也可以到现场兑奖，如图6-25所示。

▲图6-25 活动奖品说明

第7章

创意营销：
显著提升移动广告效果

学前提示 >>>

　　H5具有强大的表现能力，可以通过文字、图片、动画、视频、3D、VR等多种形式来展现企业的各类信息，具有强大的营销优势。当然，要想让H5快速传播，制作者还需要在页面中加入自己的创意，从而更显著地提升移动广告的效果。

要点展示 >>>

◆ 定制开发：满足企业的个性化需求
◆ VR全景营销：让用户仿佛身临其境
◆ 趣味营销：与单调的页面说再见
◆ 物理引擎：创建更有趣的H5
◆ 双屏互动：创建多人互动的H5作品
◆ 指纹开屏：给用户带来前所未有的体验
◆ 无极滑动：《Nike公司：ˇ·ˇ·ˇ·先ˇ·ˇ·ˇ·》
◆ 创意滑屏：《支付宝十年账单》
◆ 内容创意：《2017优酷内容精选！》
◆ 动画剧情化：《腾讯公益：99+1，让爱满分》
◆ 快闪动画：《物有腔调：要你好看！》
◆ 传统页面切换：《2014微博之夜》
◆ 重力感应：《百度钱包：除了春天，一切禁止入内》
◆ 复古拟物风格：《选择吧，人生！》
◆ 模拟翻书：营造出读书翻页的效果
◆ 场景/实物模拟：H5模拟直播形式

062 定制开发：**满足企业的个性化需求**

H5 具有非常强大的定制开发功能，企业可以定制开发各种 H5 模板、插件和游戏等，满足更多精确、深度、个性化的营销需求。H5 定制开发优势如图 7-1 所示。

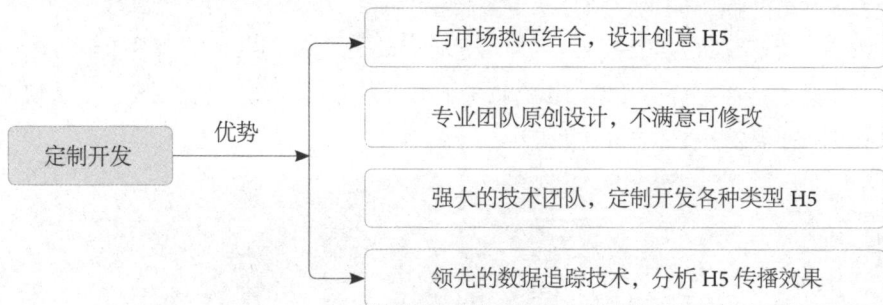

与市场热点结合，设计创意 H5

专业团队原创设计，不满意可修改

定制开发 —— 优势 ——

强大的技术团队，定制开发各种类型 H5

领先的数据追踪技术，分析 H5 传播效果

▲图 7-1 H5 定制开发的优势分析

H5 定制开发的一般流程如图 7-2 所示。

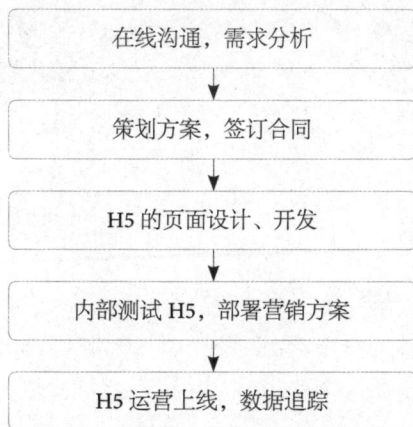

在线沟通，需求分析

策划方案，签订合同

H5 的页面设计、开发

内部测试 H5，部署营销方案

H5 运营上线，数据追踪

▲图 7-2 H5 定制开发的流程

063 VR 全景营销：**让用户仿佛身临其境**

VR 可以说是一种目前十分流行的虚拟现实技术，它可以创建一个虚拟世界，增强用户的体验感受，以及提供更多的交互方式。

VR 为我们带来了一种全新的场景化营销模式，VR 的真实感和沉浸感让我们可以随时随地体验到不同的虚拟化生活场景。同时，企业可以将自己的产品、理念等品牌因素嵌入这些虚拟场景中，在潜移默化中达到自己的营销目的。

将VR全景与H5相结合，可以给用户带来一种全新的移动营销体验，产生极强的现场体验感，让用户完全沉浸在H5的虚拟世界中。

👉 **【案例】：《母亲节——用行动示爱》**

《母亲节——用行动示爱》是由某房地产品牌推出的一个母亲节宣传H5页面，如图7-3所示该H5在整体上运用了场景化的设计，用户可以进入多个类似VR的场景中完成一些互动小任务，在模拟城市中找到自己的家、选择楼层走进房间，然后帮助母亲做一些家务。

▲图7-3 《母亲节——用行动示爱》H5页面

在页面的最后选一束花送给母亲，将"母亲节用行动示爱"的主题表达出来；同时企业还非常巧妙地将品牌和家联系在一起，在潜移默化中达到其宣传效果，如图7-4所示。

▲图 7-4 在 H5 的最后展现品牌宣传

虚拟现实技术就是一种仿真技术，也是一门极具挑战性的前沿交叉学科，它通过计算机，将仿真技术与计算机图形学、人机接口技术、传感技术、多媒体技术相结合，打造逼真立体的模拟场景。在 H5 内容中运用 VR 技术，可以生成一种虚拟的情境，这种虚拟的、融合多源信息的三维立体动态情境，能够让观众沉浸其中，就像经历真实的世界一样。

064 趣味营销：**与单调的页面说再见**

趣味性不管在哪个领域，都是比较容易引起人们关注的一种营销元素，因此，设计者可以在 H5 场景中加入各种趣味性的元素，以此激发用户观看的欲望。

☞ 【案例】：《微信群聊，愚人节问答抽奖》

我们可以通过 H5 来模拟有趣的微信群聊画面，合理使用能够营造出意想不到的效果。该功能和弹幕、锁屏通知相结合，使用效果更佳。

例如，在《微信群聊，愚人节问答抽奖》这个 H5 页面中，首先模拟出非常真实有趣的微信群聊画面，并将用户本人的头像置入其中，还可以对参与人数和用户头像、昵称进行设置，使群成员更加真实、立体，如图 7-5 所示。

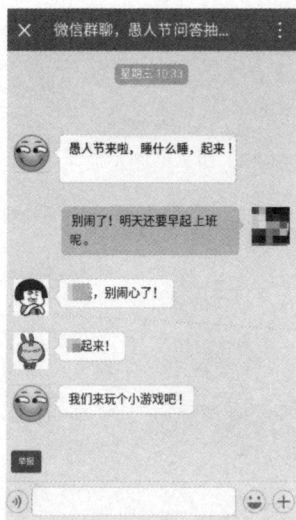

▲图 7-5 模拟有趣的微信群聊场景

之后跳转到游戏界面，引导用户点击参与游戏，同时在界面上模拟大量有趣的弹幕对白，提高对话的真实性，最后通过问答抽奖的方式调动用户参与的积极性，如图 7-6 所示。愚人节本身就是一个自带趣味属性的话题，设计者不管是在微信群聊的内容，还是在漫画风格、弹幕对白以及问答文案的制作上，都十分用心地加入了趣味元素，使用户对整个体验过程感到轻松愉快，可以加深用户的印象，提升其好感，让用户更愿意去分享传播。

▲图 7-6 有趣的互动游戏

065 物理引擎：**创建更有趣的 H5**

物理引擎实际上就是一种"仿真程序"技术，可以在 H5 页面中创建出一个虚拟的世界，然后在这个世界中集成各种物理世界的规律，如重力、碰撞等行为。使用 iH5 编辑器，即可轻松实现物理引擎的构建，制作流畅的动画，打造超真实的重力、弹力以及运动效果，创建更有趣的 H5，如图 7-7 所示。

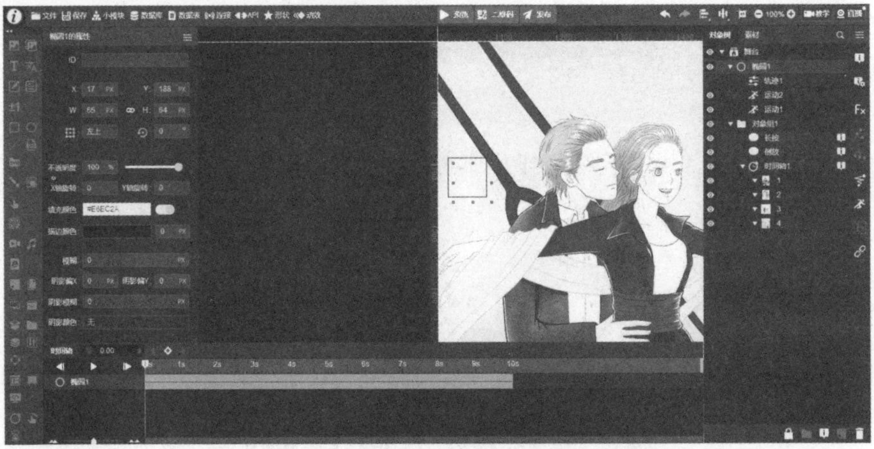

▲图 7-7 使用 iH5 编辑器创建 H5

👉【案例】：《倒冰块效果》

《倒冰块效果》就是基于 iH5 的物理引擎制作的一个简单的动画 H5 页面，如图 7-8 所示。打开 H5 后，页面显示两块冰块缓缓落入玻璃杯中。若用户倾斜手机，冰块的滑落角度就会随之改变，并且用户还可以用手指抛冰块，查看冰块的碰撞和反弹效果。

▲图 7-8 《倒冰块效果》H5 页面

物理引擎简单易用，可以帮助不懂编程的制作者轻松开发各种 H5 游戏，并且可以实时预览，使 H5 游戏的开发、发布、推广一体化。

066 双屏互动：**创建多人互动的 H5 作品**

在 H5 页面中运用双屏互动技术，能够让两部手机通过扫码等方式实现互动，帮助用户解决产品体验及展示难点。

双屏互动 H5 作品的互动性比单一场景的 H5 要更强，而且可以带来更加新颖、有趣的用户体验。

👉 【案例】：《中国平安：传递炬能量，接力不凡》

《传递炬能量，接力不凡》是由中国平安推出的一个 H5 页面，如图 7-9 所示。它通过借势奥运会这个热点话题，运用双屏互动技术在两个手机上模拟传递火炬的画面，很好地呈现了奥运会火炬传递的效果。

▲图 7-9 《传递炬能量，接力不凡》H5 页面

👉 【案例】：《蒙牛：一滴奶，邂逅爱》

《一滴奶，邂逅爱》是由蒙牛联合未来应用平台推出的一个双屏互动 H5 页面，如图 7-10 所示。打开 H5 后，邀请好友扫描其中的二维码，即可开始体验双屏互动效果，两个手机同时摇一摇后进入到一个房间，可以看到一串代表爱情的花朵从一个手机屏幕飞到了另一个手机屏幕中，随后出现一个由花瓣组成的心形，两个手机中各显示心形的一半；一盒蒙牛纯牛奶静静地放置在钢琴上，画面唯美梦幻。

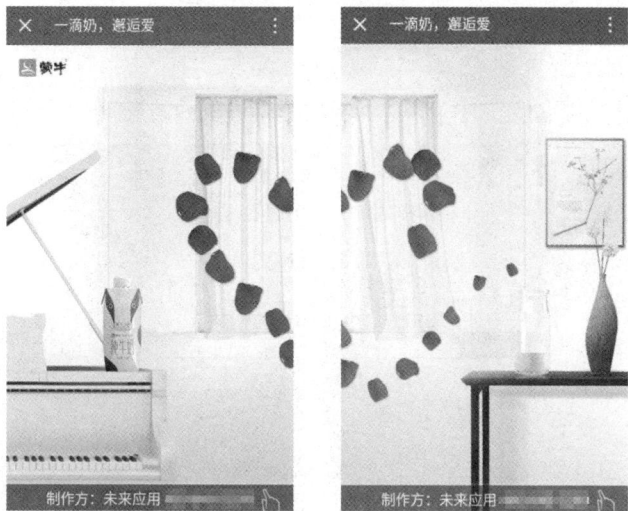

▲图 7-10 《一滴奶，邂逅爱》H5 页面

067 指纹开屏：**给用户带来前所未有的体验**

指纹开屏是一种比较有创意的 H5 趣味营销方式，通过模拟用指纹解锁开屏的过程，让 H5 页面的互动性和趣味性得到增强。使用 MAKA 和人人秀都可以实现指纹开屏的效果，且人人秀还能设置指纹的样式。

下面以人人秀为例，介绍在 H5 页面中添加"指纹开屏"插件的操作方法。

（1）打开人人秀编辑器，更换好背景。单击"互动"按钮展开其操作面板，选择"趣味"类目中的"指纹开屏"插件，如图 7-11 所示。

（2）执行上述操作后，即可插入"指纹开屏"插件，如图 7-12 所示。

▲图 7-11 选择"指纹开屏"插件

▲图 7-12 插入"指纹开屏"插件

（3）在页面右侧的"指纹开屏"选项区中，可以选择相应的背景图片，也可以上传自选的图片，如图 7-13 所示。

（4）在"指纹图片"中可以选择相应的指纹样式，如图 7-14 所示。

▲图 7-13 选择背景图片　　　　　　　　　　▲图 7-14 选择指纹样式

（5）保存并发布 H5 作品后，即可预览指纹开屏效果，如图 7-15 所示。在 H5 页面中插入指纹开屏插件后，当前页将被指纹开屏所覆盖，只能通过指纹解锁的方式进入当前页。

▲图 7-15 预览指纹开屏 H5 页面效果

【案例】：《指纹解锁》

图 7-16 为人人秀推出的一个《指纹解锁》H5 场景。当用户用手指长按屏幕时，会自动模拟扫描过程，当扫描条达到顶端时，即可开启解锁。

▲图 7-16 模拟指纹解锁

实际上，《指纹解锁》运用了人人秀的指纹开屏插件，当然，这只是对指纹开屏的过程进行一个模拟，并不是真正识别用户的指纹才能解锁屏幕。《指纹解锁》一般可用于 H5 页面首页，吸引用户单击查看 H5 中的内容，如图 7-17 所示。

▲图 7-17 《指纹解锁》可以应用到 H5 的首页，增强趣味性

068 无极滑动：《Nike 公司：⋰⋰先⋰⋰》

《Nike 公司：⋰⋰先⋰⋰》是 Nike 公司推出的一个画面酷炫、互动新颖的 H5 页面，如图 7-18 所示。

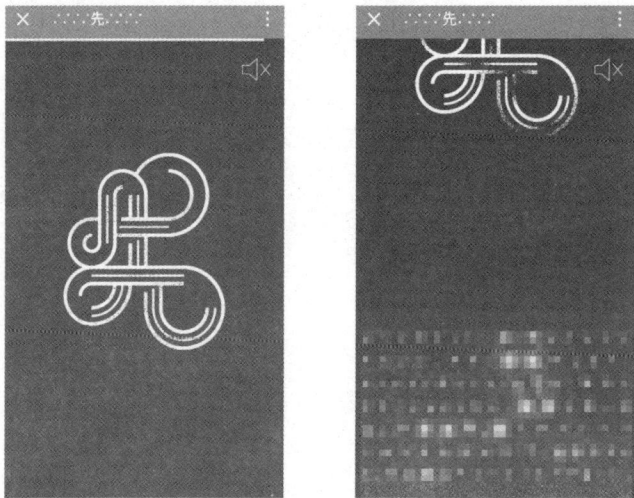

▲图 7-18 《Nike 公司：⋰⋰先⋰⋰》H5 页面

其最大的亮点在于摒弃了传统的过渡翻页效果，采用了无极滑动的方式带来更强的空间感，如图 7-19 所示。无极滑动与长页面的作用类似，可以更好地展现信息的连贯性，让人们在阅读时不觉得枯燥，反而充满期待。

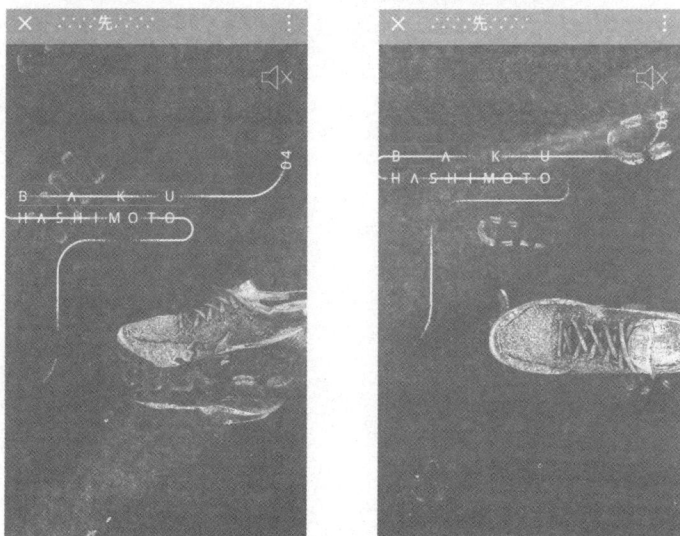

▲图 7-19 无极滑动的页面效果

这个 H5 的主要特色如图 7-20 所示。

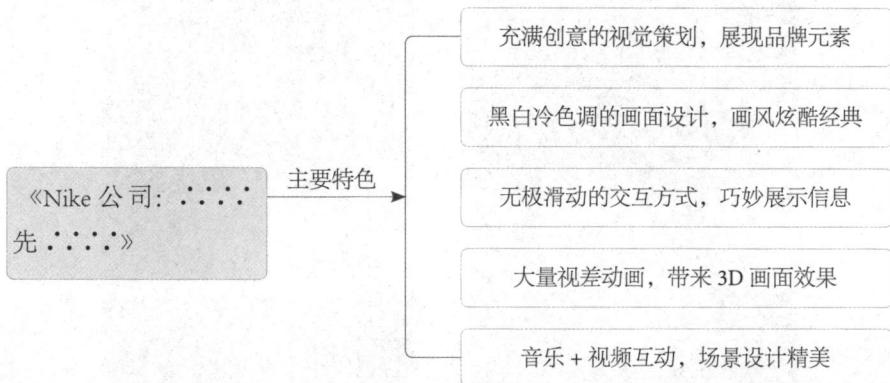

▲图 7-20 《Nike 公司：⋰⋰⋰ 先 ⋰⋰⋰》H5 的主要特色

069 创意滑屏：**《支付宝十年账单》**

《支付宝十年账单》是支付宝钱包 8.4 版本中的一个主打功能，通过 H5 页面来记录用户过去十年在支付宝中所有的收支情况，如图 7-21 所示。

▲图 7-21 《支付宝十年账单》H5 页面

在《支付宝十年账单》这个 H5 页面中，用户可以回顾自己使用支付宝的历史，主要内容包括用户注册支付宝的时间、通过支付宝花了多少钱、赚了多少钱，以及五项实力的分析等，如图 7-22 所示。同时，这个 H5 还具有预测模块功能，可以根据用户过去五方面的能力预测出用户十年后会拥有多少财富，如图 7-23 所示。

▲图 7-22 五项实力的分析 ▲图 7-23 预测模块

支付宝通过这个"H5 账单"来连接用户十年的记忆，用大数据来讲述"光阴的故事"，连接支付宝和用户的点，更好地触达用户的内心情感，让用户产生共鸣，从而引发用户的热议和分享。

070 内容创意：《2017 优酷内容精选！》

如今，内容营销是一种非常流行、实用的营销方式，企业可以在 H5 中添加与众不同的内容或创意，使用户乐于分享。

《2017 优酷内容精选！》H5 页面中的内容非常丰富，包括优酷秋集全部综艺、电视剧以及阿里大文娱生态圈的介绍，用户使用手机即可快速浏览，快速找到自己感兴趣的栏目和剧集。

在移动互联网时代，人们已经习惯了使用手机来寻找各种新信息，手机也成了人们衣食住行中离不开的工具，这也使各企业之间形成一种新的内容营销竞争，而 H5 就是这种竞争中最有力的工具。

071 动画剧情化：《腾讯公益：99+1，让爱满分》

在制作动画类 H5 时，我们可以在其中加入原创剧情，以故事的剧情变化带动整个 H5 的走向，吸引人们继续看下去。例如，《99+1，让爱满分》是由腾讯公益推出的一个 H5 页面，采用了手绘和动画的设计形式，打造出简朴、温暖的画面风格。该 H5 页面对腾讯公益的品牌及此次公益活动的推广都起到了非常好的宣传作用，如图 7-24 所示。

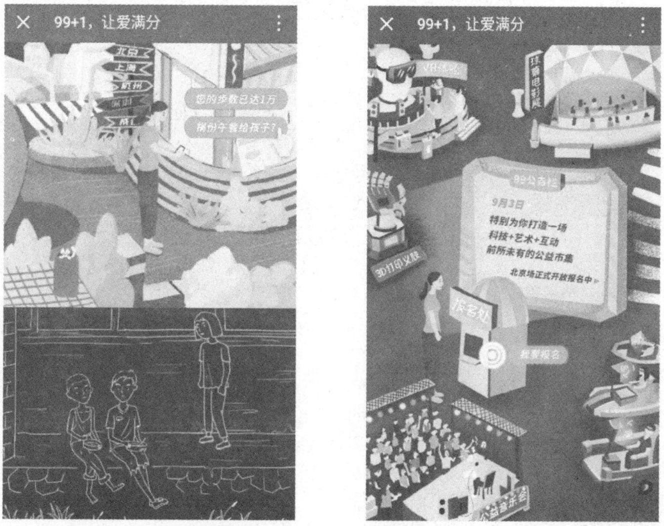

▲图 7-24 《99+1，让爱满分》H5 页面

  《99+1，让爱满分》采用了双镜头的布局形式，以一个女孩的慈善经历作为
故事主线，并在其中添加了多种小任务让用户参与互动，任务分别有捐赠免费午餐、
爱护小动物、给花草浇水等公益活动，如图 7-25 所示。利用彩色的场景与黑白的
场景突出不同的人生境遇，让用户产生助力公益的想法。

▲图 7-25 《99+1，让爱满分》助力公益 H5 布局

072 快闪动画：《物有腔调：**要你好看！**》

快闪指的是"快闪影片"，是一种视频内容的制作方式，H5 快闪主要是指短时间内在手机屏幕中快速闪过文字、图片等信息。在传统营销中，快闪运用得非常普遍，如苹果的 iPhone 7 广告、凯迪拉克的 ATSL 广告以及华为的 P10 发布会等，甚至很多淘宝店铺都使用快闪视频来宣传产品。

如今，通过将"快闪广告＋H5 页面"结合营销，不但可以更好地展现快闪的魅力，而且还能提升用户的体验感受，让企业的营销广告更吸引眼球。例如：《要你好看！》是由"物有腔调"公众号推出的一个 H5 快闪动画，如图 7-26 所示，通过这种前卫、新颖的广告形式，展现出庞大的信息量，给用户带来无与伦比的视觉感受。

▲图 7-26 《要你好看！》H5 快闪动画

H5 快闪动画的优势分析如图 7-27 所示。

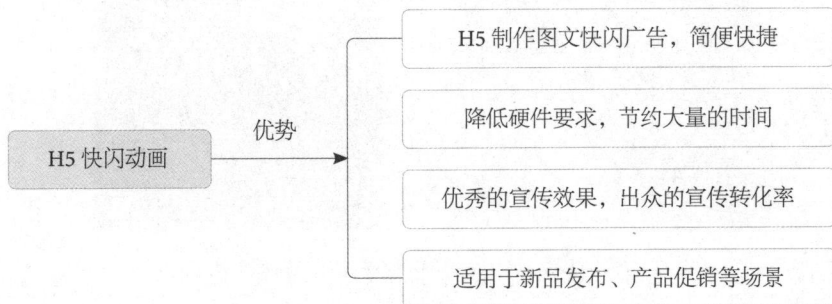

▲图 7-27 H5 快闪动画的优势分析

073 传统页面切换：《2014 微博之夜》

《2014 微博之夜》是由新浪微博为推广"微博之夜"而推出的一个预热 H5
宣传页面，如图 7-28 所示。

▲图 7-28 《2014 微博之夜》H5 页面

该 H5 采用了较为传统的 H5 页面切换形式，同时利用钢琴曲作为背景音乐，
并通过大数据图解的形式回顾那些微博上的热搜内容，如图 7-29 所示，使用户对
"微博之夜"增添几分期待。

▲图 7-29 用数字和图片带用户回忆新浪微博这一年的热搜内容

074 重力感应：《百度钱包：**除了春天，一切禁止入内**》

重力感应的原意是指：地球上的各种物体在重力作用下，会呈现出自由落体的规律。如今，很多智能手机都具有重力感应器，而且还被广泛应用于各种 H5 游戏中，以提升用户的互动体验。

图 7-30 是由百度钱包推出的一个 H5 宣传页面，这个 H5 的亮点在于通过重力感应技术实现"摇一摇"等动作效果，让用户摇出各种新奇的页面，互动效果极佳。

▲图 7-30 《除了春天，一切禁止入内》H5 页面

《除了春天，一切禁止入内》H5 的主要制作特色如图 7-31 所示。通过在 H5 页面中使用重力感应效果，可以轻松实现一些充满趣味的小动画，增强趣味性。

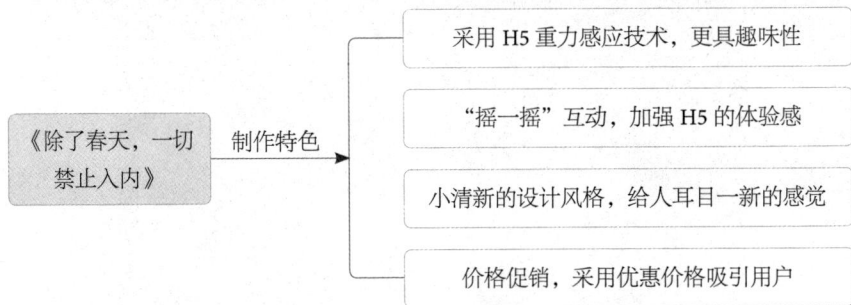

▲图 7-31 《除了春天，一切禁止入内》H5 的制作特色

075 复古拟物风格：《选择吧，人生！》

《选择吧，人生！》是大众点评为电影《狂怒》设计的 H5 宣传页面，如图 7-32 所示。这个 H5 的最大亮点在于采用了复古拟物的视觉设计风格，使用深红色的复古色调，同时背景运用了皱牛皮纸的拟物设计，整体的画面视觉非常有冲击力，很好地还原了《狂怒》的电影风格。

▲图 7-32 《选择吧，人生！》H5 页面

《选择吧，人生！》H5 的主要制作特色如图 7-33 所示。通过电影产生的话题效应，对大众点评的品牌宣传起到了很好的作用。

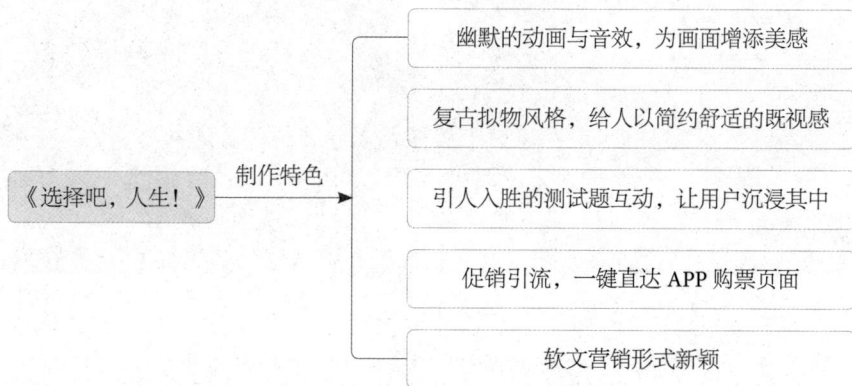

幽默的动画与音效，为画面增添美感

复古拟物风格，给人以简约舒适的既视感

《选择吧，人生！》 ——制作特色—→ 引人入胜的测试题互动，让用户沉浸其中

促销引流，一键直达 APP 购票页面

软文营销形式新颖

▲图 7-33 《选择吧，人生！》H5 的制作特色

076 模拟翻书：营造出读书翻页的效果

模拟翻书是指在 H5 各页面的切换过程中，会呈现读书翻页一样的视觉效果，让用户体验与真实翻书一样的感觉，如图 7-34 所示。

▲图 7-34 H5 页面模拟翻书效果

👉 【案例】：海尔：《用爱温暖你的全世界》

《用爱温暖你的全世界》是由海尔推出的一个品牌宣传 H5，其主题为"用爱温暖你的世界"，描述了海尔电器陪伴用户一步步成长的故事，如图 7-35 所示。打开 H5 后，一本书出现在屏幕上，呈现出立体的图书效果，单击即可翻开这本书。该 H5 中还增加了很多交互行为，激发用户产生情感共鸣。

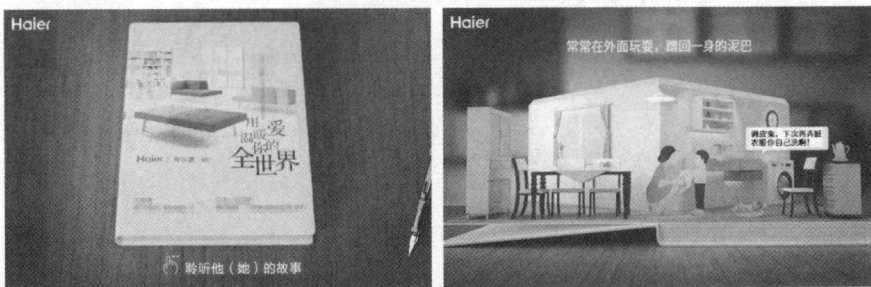

▲图 7-35 《用爱温暖你的全世界》H5 页面

这个 H5 在设计上别出心裁，采用了"动画情节 + 立体翻书"的设计形式，让人产生深刻的印象。采用"书页"打开的效果，使人物跃然于纸上，让人在愉悦的背景音乐中仿佛身临其境，达到一种很好的 H5 营销创意。

文案上，"我发誓，总有一天，一定要长得比他高大""凉爽的风，拂过书页，带走了那个焦躁的夏天""渐渐长大，也学会了如何爱一个人"等语句都非常精彩，同时，将海尔品牌融入家庭的亲情中，加上清新舒适的画面，容易引起用户传播的兴趣。

077 场景 / 实物模拟：**H5 模拟直播形式**

场景 / 实物模拟主要是在 H5 中模拟各种虚拟场景或现实世界场景，如模拟直播场景、模拟微信场景、模拟玻璃破碎、模拟开门效果以及模拟各种天气效果等，用来增强 H5 页面的画面感，让人仿佛身临其境，让品牌或产品在潜移默化中进入人们的脑海，达到了较好的营销效果。

第8章

应用行业：
全面满足营销推广需求

学前提示 >>>

　　H5可以全面满足各行各业的营销推广需求，如金融行业、互联网行业、电商行业、汽车行业、房地产行业、游戏行业、服饰美妆、时尚饰品、数码家电、食品百货等，可以帮助企业用社交网络解决棘手的业务难题，发现新的用户市场。

要点展示 >>>

◆ 金融行业：金融产品也可以玩H5创意营销
◆ 互联网行业：让你的H5一登场就是焦点
◆ 电商行业：H5营销已逐渐成为电商潮流
◆ 汽车行业：H5带你领略汽车营销新形式
◆ 房地产行业：一个H5轻松做成几百万的生意
◆ 游戏行业：H5游戏不一样的营销体验
◆ 服饰美妆：运用H5进行场景化表达
◆ 时尚饰品：由内到外地"雕琢美颜"
◆ 数码家电：如何玩出H5营销新境界
◆ 食品百货：用H5塑造自己的专属品牌

078 金融行业：**金融产品也可以玩 H5 创意营销**

在移动互联网时代，余额宝、微信理财通以及各种互联网金融产品的出现，让全民理财更加普及。

同时，银行、第三方支付平台、众筹、P2P等各种理财平台呈现出火热发展的势态，其中 H5 也是常用的一种金融行业营销工具。

👉 【案例】：《浦发银行：火星探索计划》

《火星探索计划》是浦发银行推出的一个针对信用卡推广的H5页面，如图8-1所示。

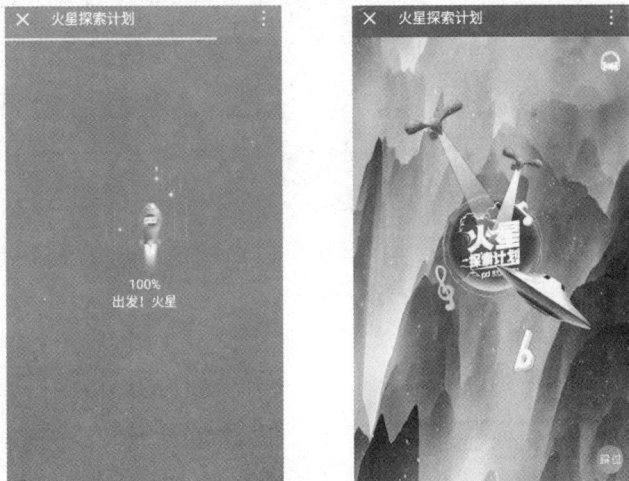

▲图8-1 《火星探索计划》H5 页面

打开 H5 后，页面中出现了一艘小飞船，载着乘客飞往火星，途中可以看到很多有趣的画面，如飞碟、各种颜色的星球以及穿着太空服的人物等，色彩绚丽夺目，如图 8-2 所示。《火星探索计划》通过运用"一镜到底＋重力感应"的技术，带给用户一种全新的体验感受，同时每隔一段时间还会显示乘客与火星的距离，在途中还可以看到有关浦发银行的品牌植入。

温馨
提示

　　银行是金融行业的主要机构，如今，银行也不再依赖传统营销模式，而是紧跟潮流，使用各种 H5 技术来助力营销，宣传自己的主题活动。

▲图8-2 H5《火星探索计划》中"一镜到底"的画面效果

当乘客到达"火星"后, 可以看到一张浦发银行的信用卡, 同时还有一场别开生面的"火星演唱会"邀你参加。单击"亲临火星现场"按钮, 即可快速办理信用卡, 参与抽奖, 同时还能免费领取某歌星的北京演唱会门票。

总的来说, 这是浦发银行宣传自己信用卡的一个H5作品, 其亮点在于通过"一镜到底"技术帮助用户实现"太空旅行"的梦想, 互动效果极佳。

👉 【案例】:《百度理财: 每天, 你演多少个自己?》

《每天, 你演多少个自己?》是由百度理财推出的视频动画类H5页面, 整个画面以黑白色调为主, 非常简洁, 画面效果如图8-3所示。

▲图 8-3 《每天，你演多少个自己？》H5 页面

这个 H5 主要描述了大雨中一个人撑着伞往家走的一系列生活画面，如看新闻、打车回家、做饭、休息等，在其中自然而然地引出了许多 APP，如百度新闻等，如图 8-4 所示，说明百度已经深入到人们生活的方方面面。最后，引出百度理财，点明了 H5 的营销主题。

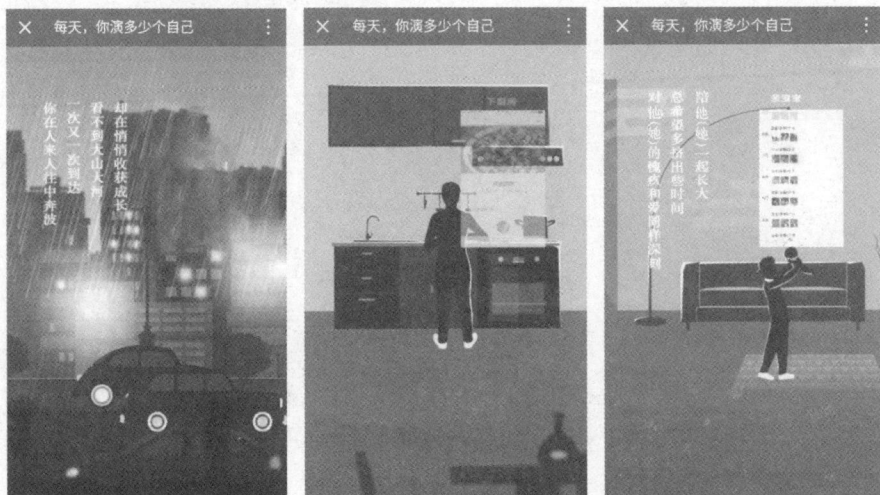

▲图 8-4 《每天，你演多少个自己？》H5 引出不同阶段人们所需要的百度产品

079 互联网行业：**让你的 H5 一登场就是焦点**

H5 在营销方面具有很多优势，如跨平台、多入口、成本低、制作简单等，通过与微信等移动互联网平台进行整合营销，使其拥有大量的潜在用户，因此在互联网行业的营销模式中占有重要的地位。如今，互联网行业使用 H5 营销已经成为一种常态，并出现了许多经典案例。

👉 【案例】：《QQ 比心接力》

腾讯 QQ 于 1998 年推出，到如今已经运营超过 20 年了，这些年来至少在三代用户心中积累下了深厚的感情。发展到今天，腾讯 QQ 的用户数一直在持续增长，累计已达到 10 亿，是互联网行业的佼佼者。

《QQ 比心接力》就是由腾讯 QQ 联合腾讯公益、99 公益推出的一个公益类 H5 宣传页面，如图 8-5 所示。

▲图 8-5 《QQ 比心接力》H5 页面

该 H5 通过一系列数据，描述了人们在不同场景、不同情绪下的心跳次数，如悠闲时、恋爱时、焦急时，从而引出那些患有先天性心脏病儿童的心脏病症问题，激发用户的爱心，号召大家参与 "QQ 比心接力" 活动，关爱先天性心脏病儿童。

《QQ 比心接力》H5 运用了手势识别技术，参与者通过录制手势 "比心" 动作，即可完成公益线上传递。同时，《QQ 比心接力》将互联网时代的社交优势巧妙地融入公益事业中，使人们可以更加方便地参与和分享公益，如图 8-6 所示。

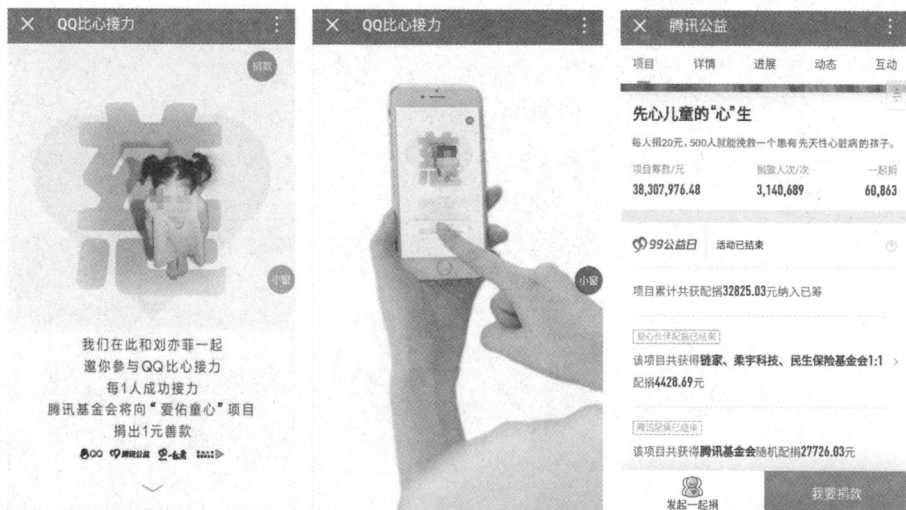

▲图 8-6 《QQ 比心接力》的公益传播

👉 【案例】：《百度：科技为生活》

《百度：科技为生活》是百度推出的一个 H5 作品，它运用了 3D 全景和重力感应技术，呈现出浓重的科技感画面，如图 8-7 所示。

▲图 8-7 《百度：科技为生活》H5 页面

《百度：科技为生活》H5 页面运用循环的线条和数字作为背景，组成了一个三维空间，底部的文案内容加上画面中的动态数字，引发人们对大数据和科技的思考。

通过转动屏幕，可以看到这个空间的中间是一个"百度大脑"，周围包含了许多交互元素，点击即可查看具体的科技介绍，让用户深度体验百度的人工智能产品，如智能助理教练、百度智能机器人助理、细粒度菜品识别技术、大数据远程医疗监测与诊疗、百度虚拟现实课堂、智能语音搜索、大数据古迹辅助修复技术等，如图 8-8 所示。

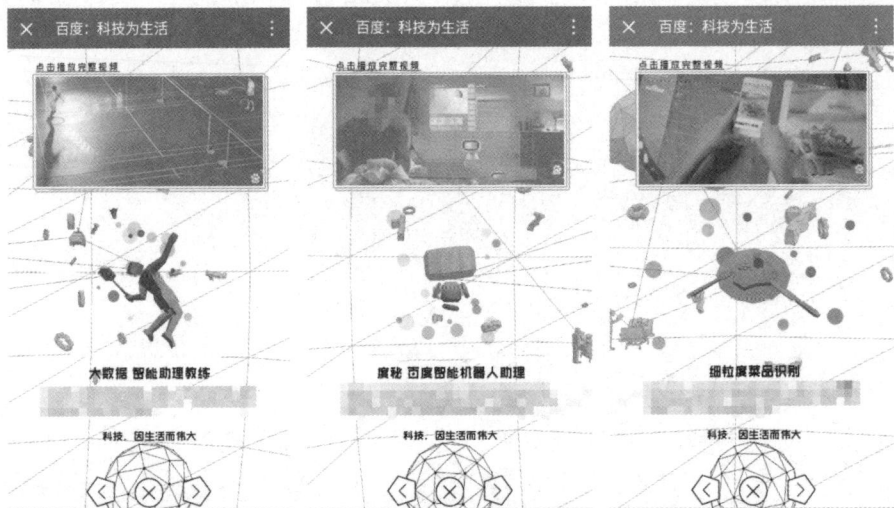

▲图 8-8 《百度：科技为生活》H5 页面中展现的各种人工智能产品

《百度：科技为生活》这个 H5 全面展现了百度对于技术的思考，也传递出百度坚持用户至上，努力为用户提供更好的服务，用科技提升人类的生活品质、赋能于人的品牌理念。

080 电商行业：**H5 营销已逐渐成为电商潮流**

随着互联网的发展，越来越多的企业都纷纷踏入电商领域，通过将自身产品和 H5 的深度结合，打造出不一样的营销策略。

> 对于电商来说，营销活动是打响品牌和提高销售量的方法之一。电商企业在策划 H5 营销活动时，不要太过于纠结活动内容的描述，只要提及核心要点即可。

温馨提示

👉 **【案例】：《2017 淘宝直播盛典邀请函》**

在互联网时代，对于内容创业者来说，如果选择电商变现的方式，则需要学

会使用互联网思维销售的技巧。例如，淘宝直播就是一个以网红营销内容为主的
社交电商平台，为模特、网红等提供更便捷的内容表现方式。《2017淘宝直播盛
典邀请函》是一封淘宝直播盛典的H5邀请函，如图8-9所示。

▲图8-9 《2017淘宝直播盛典邀请函》H5页面

《2017淘宝直播盛典邀请函》整体上是一个内容展示型的H5页面，通过图片、
文字和音频等多媒体元素，加上翻页等简单的交互操作，达到类似幻灯片的播放
效果。同时，这个H5还运用了在线表单技术，有兴趣参加直播盛典的用户还可以
通过H5直接报名参加，如图8-10所示。

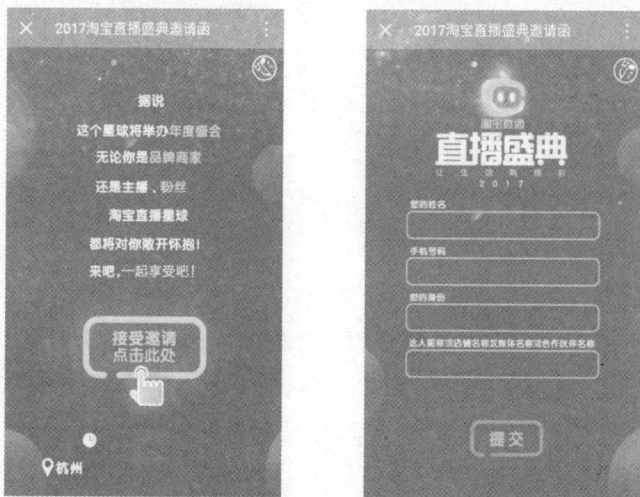

▲图8-10 通过H5可以直接报名参加2017淘宝直播盛典

081 汽车行业：H5带你领略汽车营销新形式

随着移动互联网时代的到来，H5已经成为各行各业营销的重要手段，对汽车销售以及汽车租赁领域来说也不例外，一个优秀的H5能够为汽车品牌的宣传推广和汽车的营销带来不可低估的效果。

汽车行业H5营销需要明确品牌的定位，这样才便于用户领会你的营销意图，如图8-11所示。

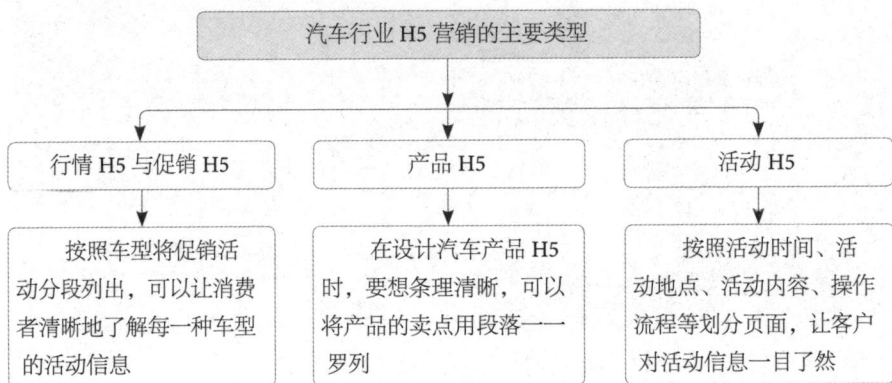

```
┌─────────────────────────────────────────────┐
│            汽车行业 H5 营销的主要类型              │
└─────────────────────────────────────────────┘
        │
┌───────────────┐  ┌───────────────┐  ┌───────────────┐
│ 行情 H5 与促销 H5 │  │    产品 H5     │  │    活动 H5     │
└───────────────┘  └───────────────┘  └───────────────┘
┌───────────────┐  ┌───────────────┐  ┌───────────────┐
│ 按照车型将促销活  │  │ 在设计汽车产品 H5 │  │ 按照活动时间、活  │
│ 动分段列出，可以让 │  │ 时，要想条理清晰，可以│  │ 动地点、活动内容、操作│
│ 消费者清晰地了解每 │  │ 将产品的卖点用段落一一│  │ 流程等划分页面，让客户│
│ 一种车型的活动信息 │  │ 罗列            │  │ 对活动信息一目了然  │
└───────────────┘  └───────────────┘  └───────────────┘
```

▲图8-11 汽车行业H5营销的主要类型

汽车行业可以利用H5中的图文、音频、视频及各种互动形式等对品牌和产品进行更好的诠释。其对汽车行业的宣传有三方面的帮助，如图8-12所示。

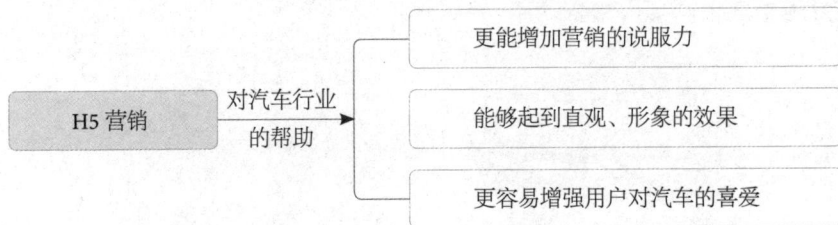

```
                        ┌──────────────────────┐
                        │   更能增加营销的说服力    │
                        └──────────────────────┘
┌────────┐  对汽车行业   ┌──────────────────────┐
│ H5 营销 │─ 的帮助 ───→ │  能够起到直观、形象的效果  │
└────────┘              └──────────────────────┘
                        ┌──────────────────────┐
                        │ 更容易增强用户对汽车的喜爱  │
                        └──────────────────────┘
```

▲图8-12 H5营销对汽车行业的帮助

👉 【案例】：《吉利博越抢年货》

《吉利博越抢年货》是吉利汽车在春节期间推出的一个品牌推广类H5页面，主色调为大红色，展现了节日红红火火的热闹气氛，同时画面运用了剪纸表现形式来体现中国风，展现了中国汽车品牌的文化特色，如图8-13所示。

▲图8-13 《吉利博越抢年货》H5 页面

当画面缓存结束后，单击手机屏幕中间的博越汽车即可进行游戏互动。游戏以年兽传说作为故事背景，并添加击鼓声作为背景音乐，玩法与打地鼠类似，用户必须在规定的时间内，通过快速单击手机屏幕与年兽抢年货来完成游戏。对于取得一定成绩的用户，还可以获得惊喜奖励，如图8-14所示。

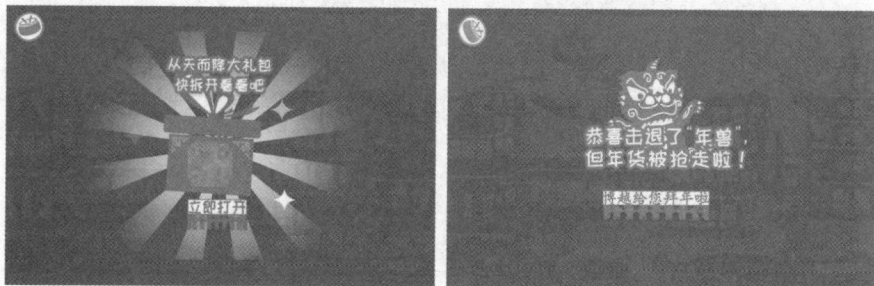

▲图8-14 游戏提供奖励机制

《吉利博越抢年货》H5的画面很有中国特色，很好地展现了吉利品牌的文化定位。另外，《吉利博越抢年货》的H5小游戏虽然操作简单，但竞技性比较强，用户可以将自己的游戏成绩分享到朋友圈，吸引其他好友参与赢奖。

082 房地产行业：**一个 H5 轻松做成几百万的生意**

房地产行业也算是最早接触互联网的行业之一，如今网上的房产租售信息早已冗余。随着移动互联网的兴起以及云计算和大数据的出现，人们看到了房地产行业的新契机。

房地产行业对 H5 制作的投入是非常大的，几乎每家房地产企业都曾利用 H5 寻找客户、找到精准客户、发布活动等，但并非每一个房地产 H5 营销都达到了企业所期待的效果。要想做好房地产 H5 营销，还需要了解一些技巧，来深化产品卖点。这就是在产品推出初期，宣传产品的理念，通过这一系列的价值理念传输，让消费者对房地产产品有一个大概的了解，利用 H5 使消费者增强购买信心。

👉 【案例】：《vanke 万科：全佛山看过来，见证一座城市的蝶变》

《全佛山看过来，见证一座城市的蝶变》是由 vanke 万科推出的一个 H5 邀请函，主要用于吸引用户参与佛山万科三好发布会，如图 8-15 所示。

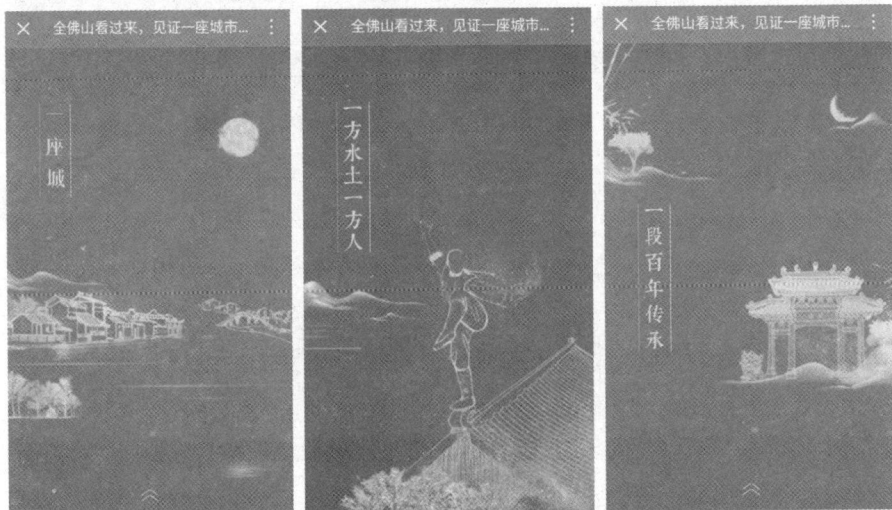

▲图 8-15 《全佛山看过来，见证一座城市的蝶变》H5 页面

《全佛山看过来，见证一座城市的蝶变》H5 最有特点的地方在于采用了粒子渐变的动态切换效果，通过一幅幅优美的画面，将用户从古代慢慢拉回到现代，勾起人们对佛山这块土地的情感。在 H5 中，依次展现了一座城、一方水土一方人、一段百年传承、一处人杰地灵、一份基业长青，展现出佛山这座城市的历史变迁，具有很强的代入感，进而引出 H5 的主题，邀请用户参与佛山万科三好发布会，如图 8-16 所示。

▲图 8-16 同一系列优美画面，慢慢引出主题

👆 **【案例】：《馥桂园：童年·悠悠时光》**

《童年·悠悠时光》是鼎诚·馥桂园推出的一个关于房地产宣传的图文展示类 H5 页面，画面采用手绘漫画的设计风格，以怀旧的橘黄色作为整体色调，用一张老旧的白纸作为画面背景，一个天真活泼的小孩跃然纸上，画面非常生动，如图 8-17 所示。

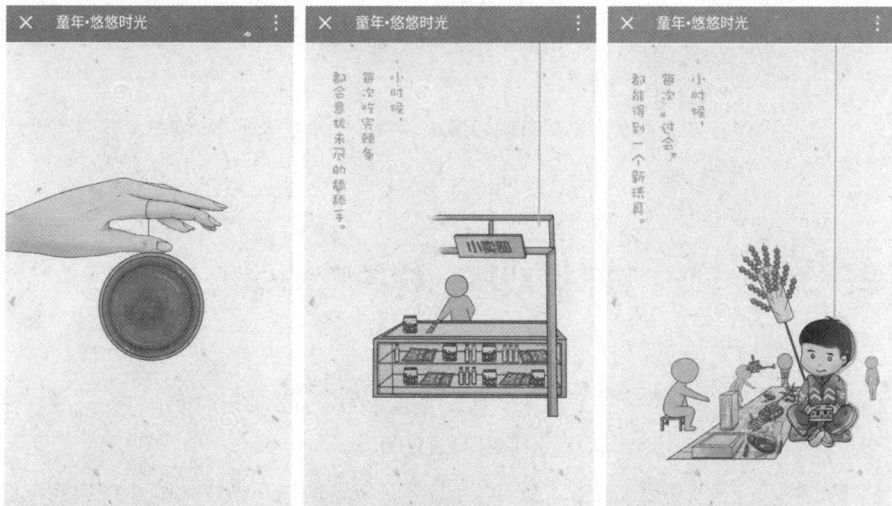

▲图 8-17 《童年·悠悠时光》H5 页面

打开 H5 后，可以看到一个不停旋转的悠悠球，随着悠悠球缓缓地落下，在屏幕中出现一条橘黄色的线条，线条不断地下滑伸展，勾勒出各种有趣的童年场景，最后画面定格在一座小学前，同时出现广告语："鼎诚·馥桂园，多元立体教育大城，让童真相随"，如图 8-18 所示。

▲图 8-18 用一条橘黄色的线条连接整个故事情节

《童年·悠悠时光》通过悠悠球的线来连接不同的场景。采用 Swiper 技术实现各个页面之间的滑屏切换，使 H5 具有更强的平台兼容性。同时采用 SVG 图形技术产生动态的线条延伸效果，让画面简约而不简单。

> **温馨提示**
>
> Swiper 是一种移动端的触摸内容滑动插件，通常应用在如连版广告等需要滑动操作的地方。

083 游戏行业：**H5 游戏不一样的营销体验**

随着移动互联网的不断发展，各行各业开始通过互联网抢占行业市场，游戏行业也不例外。许多传统的游戏企业希望借助移动互联网这一趋势，拓宽自己的营销渠道，使公司业绩突飞猛进，获取可观的利润。

H5 可以说是一种天然的游戏营销工具，它本身就具有很强的游戏功能，游戏厂商可以通过 H5 来进行引流，在其中展现游戏的精彩之处，或者植入各种福利来吸引用户下载游戏。

👉 【案例】：《英雄联盟：天呐，周××竟然会读心术》

《天呐，周××竟然会读心术》是腾讯推出的一个英雄联盟六周年活动的H5宣传页面，通过与电竞角色周××合作，将其转变成英雄"卡牌"，通过答题游戏的形式，最后看看他能否猜中你心中所想的牌，如图8-19所示。

▲图8-19 《天呐，周××竟然会读心术》H5页面

《天呐，周××竟然会读心术》是"周年庆＋视频＋测试答题互动"相结合的营销案例，无论是从设计、策划还是技术方面，这个H5都做得非常不错，如图8-20所示。

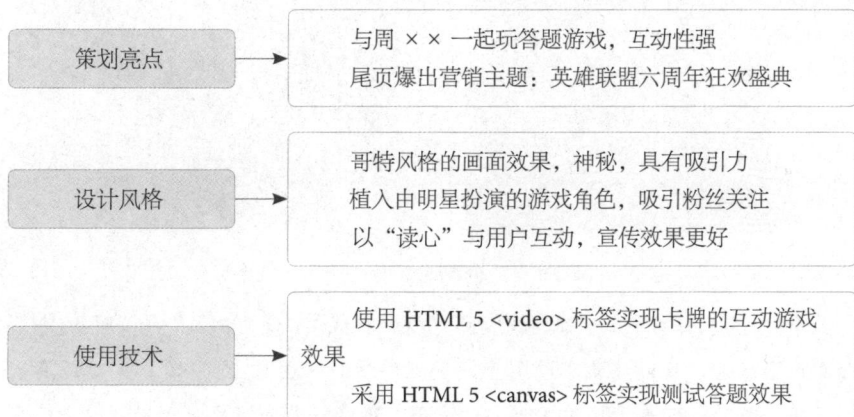

策划亮点	与周××一起玩答题游戏，互动性强 尾页爆出营销主题：英雄联盟六周年狂欢盛典
设计风格	哥特风格的画面效果，神秘，具有吸引力 植入由明星扮演的游戏角色，吸引粉丝关注 以"读心"与用户互动，宣传效果更好
使用技术	使用HTML 5 <video>标签实现卡牌的互动游戏效果 采用HTML 5 <canvas>标签实现测试答题效果

▲图8-20 《天呐，周××竟然会读心术》H5页面的主要亮点

084 服饰美妆：**运用 H5 进行场景化表达**

如今，服饰美妆行业的竞争可以说是十分激烈。服饰美妆行业的主要消费者是女性用户，因此，产品的开发必须符合女性的需求。

其实，只要方法用对了，效果自然不会太差。例如，H5 营销就不断引爆服饰美妆行业的销售热潮，利用 H5 可以快速提升企业的知名度，而且还能很好地进行场景化表达。另外，这些服饰美妆行业的相关企业，在营销方面自然也很懂得由内到外地"雕琢美颜"，因而这个行业也是盛产优秀 H5 营销案例的领域。

👉 【案例】：《特步：燃烧吧女子力》

《燃烧吧女子力》是由特步推出的一个品牌推广 H5 页面，采用测试类小游戏作为主要的内容形式，画面采用卡通风格，酷炫醒目，如图 8-21 所示。打开 H5 后，单击"立即开练"按钮，即可开始游戏，其中包括 4 个测试和一个抽奖活动，充分调动了用户的积极性，产生了良好的互动效果。

▲图 8-21 《燃烧吧女子力》H5 页面

其中，4 个测试分别为"眼力测试""指力测试""臂力测试"和"腹力测试"，选择测试进入后，可以体验不同类型的交互游戏，如图 8-22 所示。完成所有的游戏关卡后，即可获得一次抽奖机会，系统会在报名抽奖的用户中随机抽取幸运者，获奖者将会得到由特步提供的女子力专属运动装备。同时，用户还可以单击"武装起来"按钮跳转到商品的购买链接，也可以单击"召唤好友"按钮将 H5 分享给好友。

《燃烧吧女子力》结合了真人与动漫的设计风格，加入由演员赵某代言的活动主题视频，并使用Video（视频）+Zepto技术来制作，大大提升了用户的参与度，从而有助于H5和品牌的分享传播。

▲图8-22 《燃烧吧女子力》的游戏互动

👉 【案例】：《兰蔻：测测你的美白活力值》

《测测你的美白活力值》是兰蔻为推广产品"兰蔻焕白精华水"而推出的H5宣传页面，该页面运用简洁干净的画面和互动性较强的小游戏来吸引用户关注，如图8-23所示。

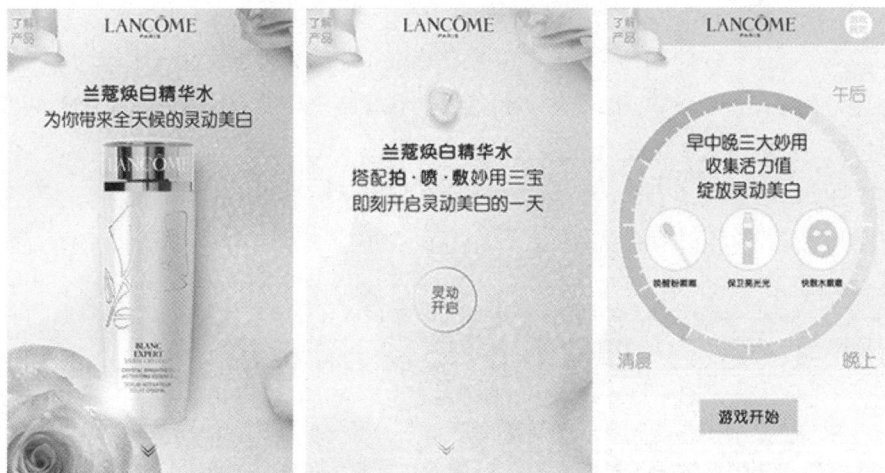

▲图8-23 《测测你的美白活力值》H5页面

该 H5 突出展现了兰蔻焕白精华水的产品特点，并结合产品本身的功能制作了一个有趣的小游戏，在游戏中加入了许多品牌植入的小道具，让产品的附加值得到提升，如图 8-24 所示。这个 H5 可以让产品的优点直击用户的内心，并且用赠品来调动用户的购买欲，同时用户还可以根据 H5 的提示快速下单购买。

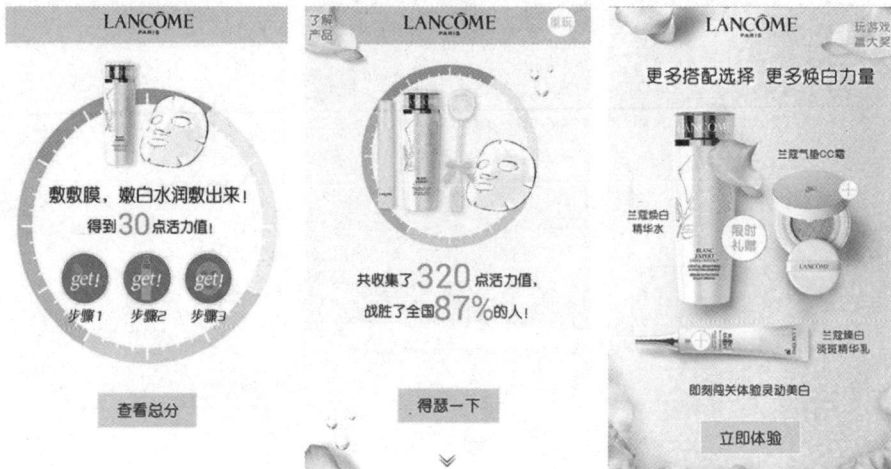

▲图 8-24 互动游戏

085 时尚饰品：**由内到外地"雕琢美颜"**

时尚饰品永远是女人们喜欢的穿戴用品，尤其是随着国内市场的逐渐成熟，以及人们生活水平的不断提高，大家对于时尚的追求也越来越多样化。女人天性爱美，她们喜欢通过各种时尚饰品来展现自己的美丽。

不过，国内的时尚饰品行业的发展却有些不尽如人意，虽然历史较为悠久，甚至是和服装行业一同起步，国内的服装品牌如今已经做得风生水起，但时尚饰品行业中的成功品牌却较少，企业还需加快发展。

因此，在品牌消费时代，面对消费者的多元化时尚需求，时尚饰品企业也要学会利用 H5 这种营销手段来抓住市场机遇，由内到外地"雕琢美颜"，快速成长为时尚饰品行业的"引领者"。

086 数码家电：**如何玩出 H5 营销新境界**

随着互联网时代的到来及科技的进步，数码家电行业也在日新月异地发展着。对于数码家电行业的 H5 营销来说，其关键点就是能让用户感受到 H5 的说服力并主动传播，如图 8-25 所示。

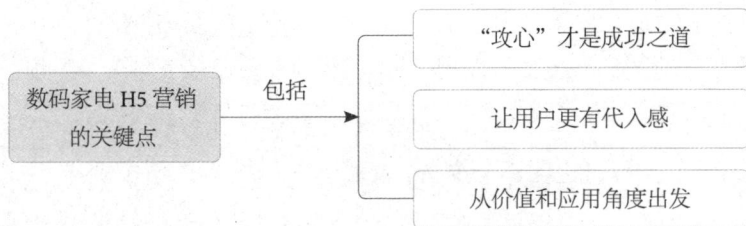

▲图 8-25 数码家电 H5 营销的关键点

👉 【案例】：《小米〈奇葩说〉花式广告大赛》

《小米〈奇葩说〉花式广告大赛》是由小米手机推出的一个视频互动类 H5 页面，如图 8-26 所示。

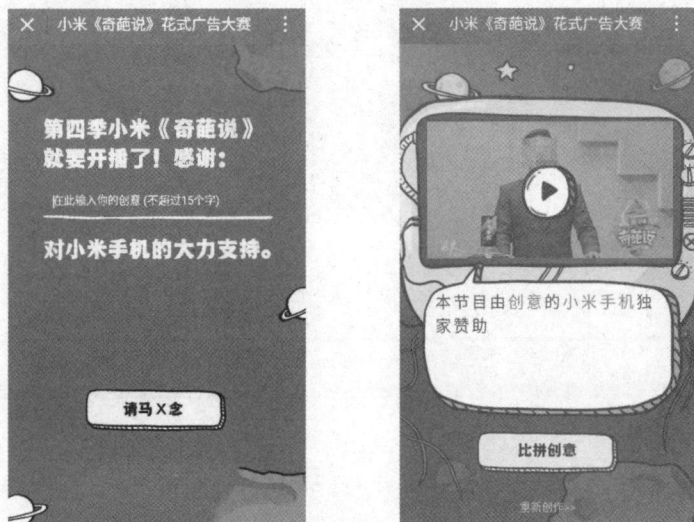

▲图 8-26 《小米〈奇葩说〉花式广告大赛》H5 页面

《奇葩说》第四季由小米手机独家冠名，小米手机也借此推出了 H5 来让粉丝更好地参与《奇葩说》的互动。用户只需说出自己的创意，然后单击"请马 × 念"按钮，即可让马 × 在视频中念出你的创意内容。

087 食品百货：**用 H5 塑造自己的专属品牌**

食品百货是每个人生活中必然会接触到的行业，它直接影响着大众的生活质量，其重要性不言而喻。食品百货行业是比较传统的行业，如今也受到了来自电商和互联网的冲击，导致经营成本持续上升。

尤其是在移动互联网时代，食品百货等传统产业都面临着挑战，不过也给行业带来了改变的契机。当然，如果要让品牌和产品迅速被人熟知，营销工作是必不可少的，而对于移动互联网时代的营销来说，没有 H5 则是不完整的。

👉 【案例】：《佳沃蓝莓：大家来找茬》

《大家来找茬》是由佳沃蓝莓推出的一个类似"找不同"的互动类 H5 小游戏，打开 H5 页面后，单击"开始游戏"按钮，用户需要在 30 秒内找出图 1 和图 2 不同的地方，在图片中单击出来即可，如图 8-27 所示。

▲图 8-27 《大家来找茬》H5 页面

《大家来找茬》在游戏中植入了大量的佳沃蓝莓品牌元素，以唯美的紫色调作为画面背景，搭配充满节奏感的背景音乐。对于通关的用户，还会提供一份精美礼品，以激发用户的参与热情。如果用户在挑战时遇到困难，通关失败，也可以单击"好友助攻"按钮分享给好友，邀好友一起来挑战。

《大家来找茬》这个 H5 页面在技术框架上采用了 jQuery 技术，动画特效则由 Transform 和 Adimation 等 CSS3 属性来构建，游戏过程非常流畅，动画效果酷炫，值得欣赏和体验。

第 9 章

应用场景：
H5 营销适合哪些场景

学前提示 >>>

H5的应用场景非常广泛，包括了线上、线下等各种需求，如企业招聘、企业宣传、会议邀请、产品介绍、报名培训、人才招聘、品牌推广、招商加盟、节日推广、数据报告、新品发布、周年庆、社交传播，同时还有非常丰富的个人应用玩法。

要点展示 >>>

◆ 活动促销：吸引消费者购买的实效促销策略

◆ 品牌宣传：帮助企业打造一个高端品牌形象

◆ 公司介绍：品牌源于专业，宣传企业文化

◆ 新品发布：震撼登场，快速帮企业获取优质用户

◆ 邀请函：承载你的创意，传达你的声音

◆ 人才招聘：招贤纳士，寻找一个特别的你

◆ 商务汇报：工作报告/商业策划书/个人总结

◆ 招商加盟：有计划、有目的，离成功只差一步

◆ 节日应用：节日到来，别忘了问候粉丝

◆ 个人应用：制作属于自己的个性化H5场景

088 活动促销：吸引消费者购买的实效促销策略

活动促销是大部分企业都会选择的方式，是指整合相关的资源来策划相关的活动，从而销售产品、提升企业形象和扩大品牌影响的一种营销方式。在 H5 中推出的营销活动，能够提升客户的体验度和忠诚度，更利于培养核心用户。

在 H5 中常见的以营销为目标的活动，主要有图 9-1 所示的几种类型。

▲图 9-1 活动促销的类型

关于 H5 的活动促销可以分为两种，一种是线上 H5 推出的相关促销活动，直接面向线上的用户，如图 9-2 所示。另一种营销方式是通过线下活动来吸引用户扫码进入 H5 界面，引流到线上进行营销宣传。

▲图 9-2 线上 H5 促销活动

【案例】：《萌宝大赛》

例如，《萌宝大赛》就是一个活动促销模板，商家可以通过举办线下的亲子互动活动，将带有 H5 链接的二维码设置在活动现场，指导用户扫码参与，并提供丰厚的奖品，以提高用户参与的积极性，如图 9-3 所示。

▲图9-3 《萌宝大赛》H5页面

089 品牌宣传：**帮助企业打造一个高端品牌形象**

H5可以满足更加多元化的商业需求，形成强势的品牌曝光，适配多场景的商业表达形式。企业可以自定义LOGO、底标等品牌标识，用以满足品牌第一时间曝光的需求，如图9-4所示。

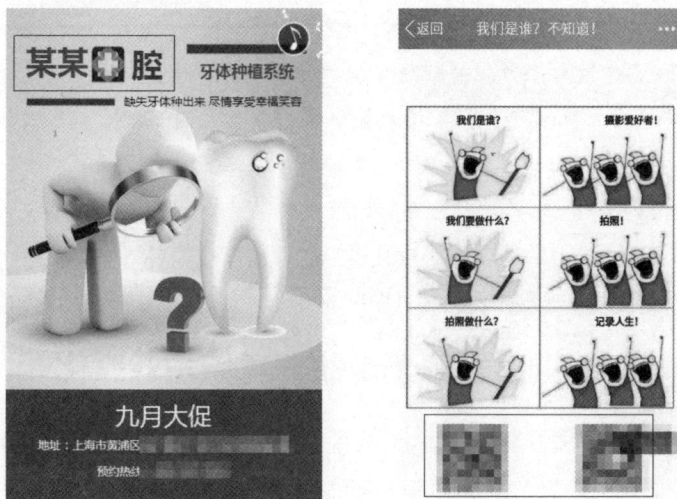

▲图9-4 H5页面中的品牌宣传

同时，企业还可以在H5中建立专门的品牌历史页面，将品牌信息一览无余地展现出来。另外，还可以将品牌元素融入各种互动小游戏中，在潜移默化中将品牌深深植入用户心中，使用户对品牌产生兴趣。

👉 **【案例】：《比亚迪：BYD DREAMS 元·梦 前所未驭》**

《BYD DREAMS 元·梦 前所未驭》是由新能源汽车的引领者比亚迪推出的一个品牌推广 H5 页面，用于比亚迪的品牌盛典活动宣传，如图 9-5 所示。

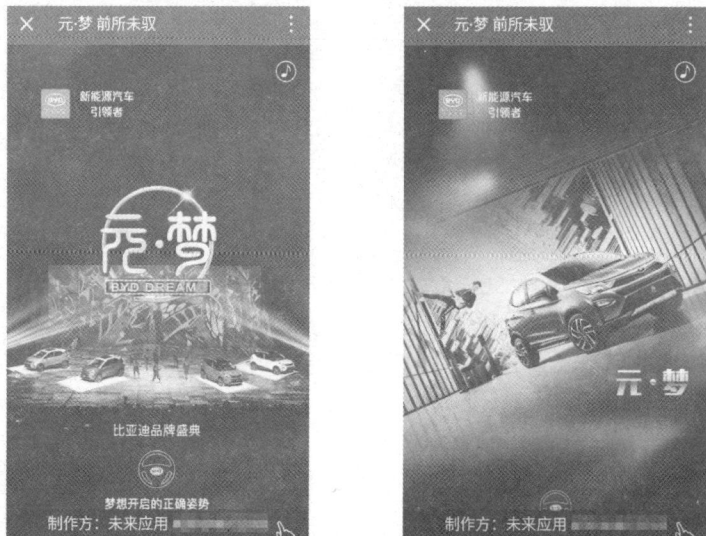

▲图 9-5 《BYD DREAMS 元·梦 前所未驭》H5 页面

这个 H5 首先展现了比亚迪创始人构筑的一个品牌梦想——"让地球家园充满蓝天 让我们享有绿色生活"；紧接着展现了"王朝系列车型"的规划，重新定义汽车速度与安全，而且通过强强联合，打造汽车互联网生态体系。

同时，H5 中还展现了比亚迪品牌的代表产品——比亚迪元·梦，并且清晰罗列了各款车型的价格。在 H5 的最后引出了举办比亚迪品牌盛典的消息，也表达了比亚迪"梦想不断，一直前行"的品牌理念。

090 公司介绍：**品牌源于专业，宣传企业文化**

公司介绍就是公司的简介。在 H5 中，对于公司的介绍需要注意的是，不能简单地用一句话概括，也不要长篇大论来描述，最好是运用一小段文字简明扼要地介绍公司，让用户对公司的基本情况有一个初步了解。在 H5 中，我们可以在中间部分插入一个公司简介的页面，也可以在末尾增加一个"关于我们"的页面来介绍公司，如图 9-6 所示。

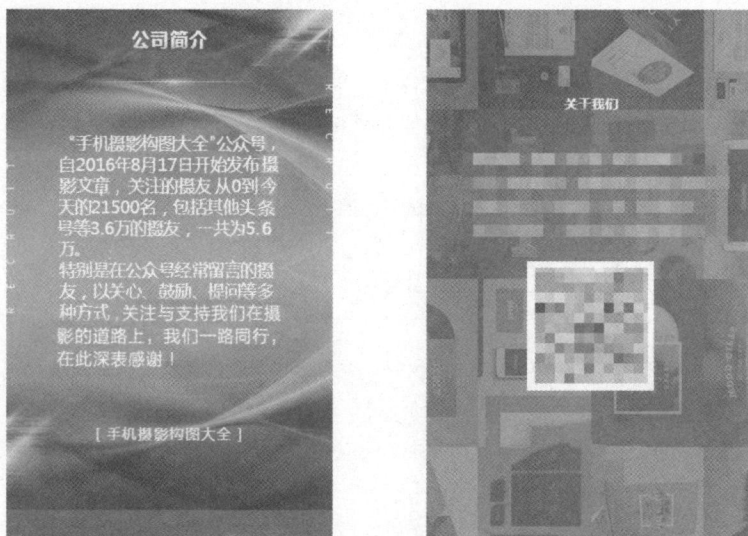

▲图9-6 公司介绍H5页面

👉 【案例】：《酒店介绍宣传》

　　《酒店介绍宣传》H5是兔展平台上的一个公司介绍模板，如图9-7所示。H5页面中首先对企业进行了一个整体的介绍，制作者可以根据需要添加文字内容。其中包括一些细节产品和服务的介绍，可以清晰明了地将企业的文化特色、产品类型以及服务理念等展示在用户面前。

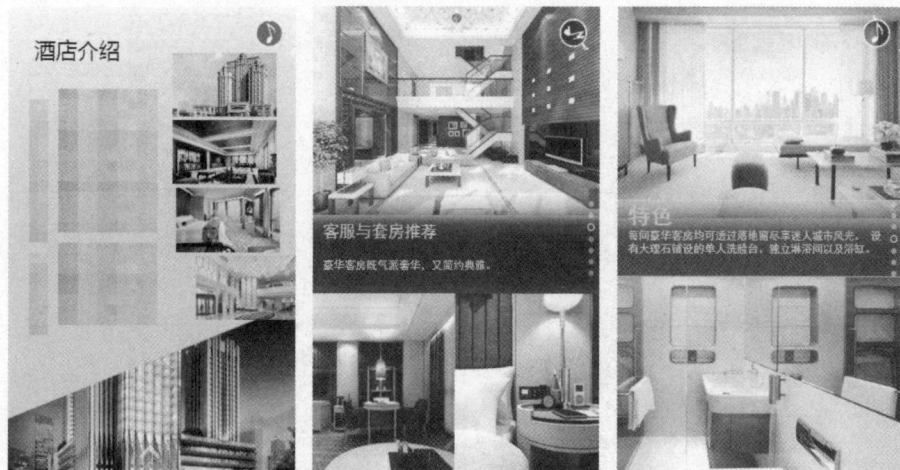

▲图9-7 《酒店介绍宣传》H5页面

温馨提示　　品牌宣传与公司介绍的区别在于,品牌宣传不需要过多地介绍具体产品和服务,只要将品牌融入各种宣传活动中即可,让人们记住这个品牌;而公司介绍则比较详细,通常包含的内容如图 9-8 所示。

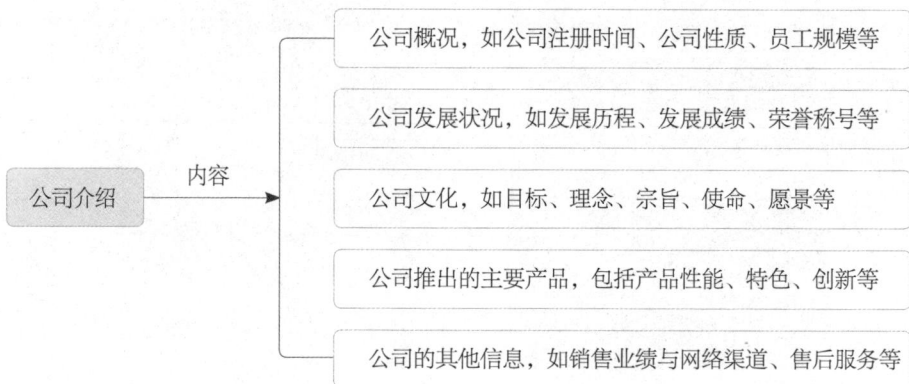

公司介绍　——内容——→

公司概况,如公司注册时间、公司性质、员工规模等

公司发展状况,如发展历程、发展成绩、荣誉称号等

公司文化,如目标、理念、宗旨、使命、愿景等

公司推出的主要产品,包括产品性能、特色、创新等

公司的其他信息,如销售业绩与网络渠道、售后服务等

▲图 9-8 公司介绍的一般内容

091 新品发布: **震撼登场,快速帮企业获取优质用户**

新品发布 H5 的主要目的是使顾客对新产品、新店铺等产生兴趣,从而实现产品的销售。在制作新品发布 H5 时,通常可以采用各种促销手段来增强活动吸引力,从而快速获取优质用户,如图 9-9 所示。

▲图 9-9 新品发布 H5

👉 **【案例】：《青橙N2：弧动之美 一触即"发"》**

《弧动之美 一触即"发"》是青橙手机对于其新品全网通手机产品"青橙N2"推出的一个H5宣传页面，如图9-10所示。

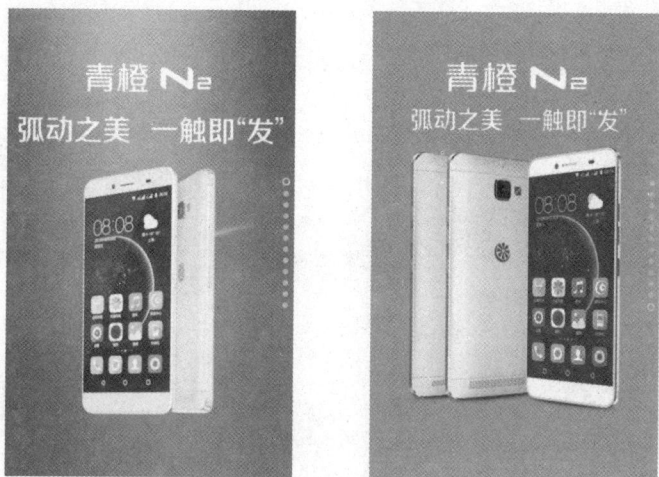

▲图9-10 新品发布H5

《弧动之美 一触即"发"》的页面设计比较简约时尚，整体采用单色的背景来突出产品特色，同时介绍了新品的各种优势，如全网通、美学弧度、工艺设计、超清大屏、高清拍照、懒人模式、一键对讲等，如图9-11所示，通过这个H5可以让用户对青橙手机的新品有一个全面的了解，从而引发用户的消费欲望。

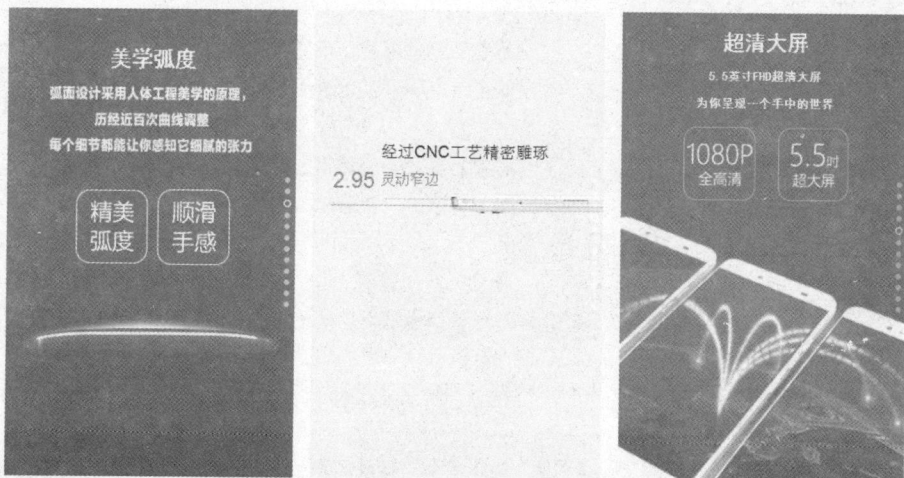

▲图9-11 在H5中介绍新品的功能优势

092 邀请函：**承载你的创意，传达你的声音**

邀请函应该是使用最为广泛的 H5 应用场景了，可以用于商务会议、节日活动、婚礼、派对、展会、发布会以及各种竞赛活动等，通过 H5 来"承载你的创意，传达你的声音"，如图 9-12 所示。

▲图 9-12 新品发布 H5

普通的邀请函通常只需要写清楚活动的内容、时间、地点等即可，同时在 H5 中表明希望对方来参加的意愿。比较正式的邀请函通常由标题、称谓、正文、落款等几部分组成，如图 9-13 所示。

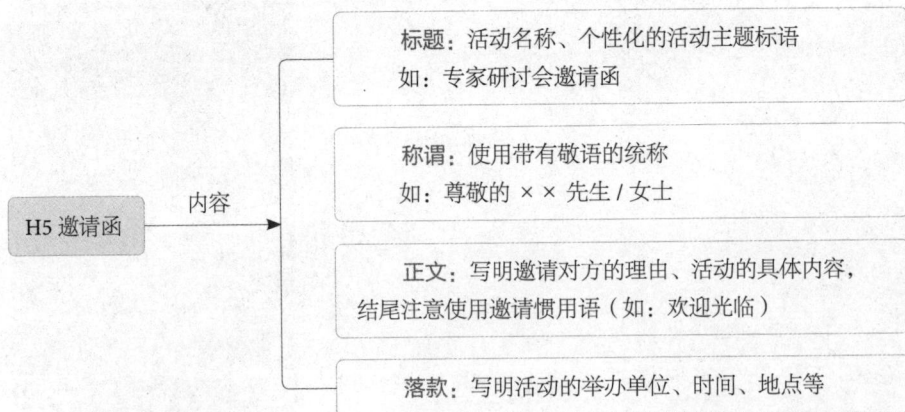

标题：活动名称、个性化的活动主题标语
如：专家研讨会邀请函

称谓：使用带有敬语的统称
如：尊敬的 ×× 先生 / 女士

正文：写明邀请对方的理由、活动的具体内容，结尾注意使用邀请惯用语（如：欢迎光临）

落款：写明活动的举办单位、时间、地点等

H5 邀请函 —— 内容

▲图 9-13 H5 邀请函的主要内容

《2017 机器人博览会》是由橙秀 XIU 平台推出的一个 H5 邀请函模板，整体采用科技感的设计风格，非常符合机器人博览会的主题，如图 9-14 所示。该 H5 第 2 页写明了邀请函的邀请理由，如图 9-15 所示。

▲图 9-14 《2017 机器人博览会》H5 页面　　　▲图 9-15 邀请理由

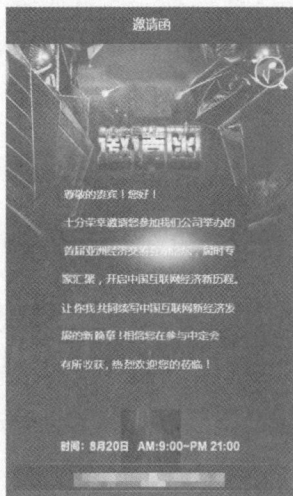

该 H5 第 3 页为活动举办方的简介，点明自己的特色和优势，吸引用户前往参加，如图 9-16 所示。第 4 页为会议议程，将会议的主要过程、工作安排等详细地列出来，使参会人员对于会议的各个环节了然于胸，如图 9-17 所示。

▲图 9-16 举办方的简介　　　▲图 9-17 会议议程

在 H5 中还可以列出一些重要的参会嘉宾及他们的主要职务，尽量选择比较重要的人物介绍两三个即可，如图 9-18 所示。放置一些精美的现场图片来渲染活动现场的氛围，如图 9-19 所示。

▲图 9-18 参会嘉宾

▲图 9-19 活动现场

在 H5 页面还可以放置一些与活动相关的附加内容，如会议理念、合作单位等，展现主办方的强大优势资源，如图 9-20 所示。最后是一个在线表单插件，方便用户通过 H5 及时报名参加，使 H5 线上引流更加便捷，如图 9-21 所示。

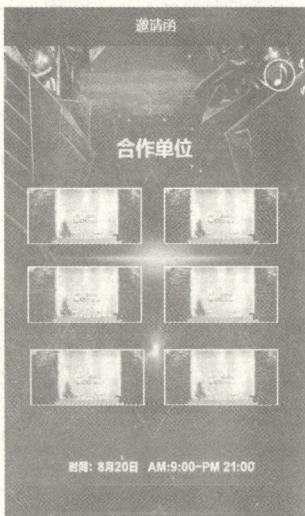

▲图 9-20 合作单位展示

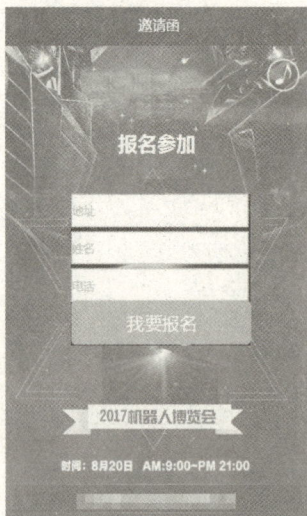

▲图 9-21 报名参加表单

093 人才招聘：**招贤纳士，寻找一个特别的你**

很多企业都经常为人才招聘犯难，其实，一个小小的H5可以帮助企业更好地展现各种招聘信息，其效果甚至不输于热门招聘网站，如图9-22所示。

▲图9-22 人才招聘H5页面

人才招聘H5页面通常包括以下几部分内容。

（1）标题广告：用一两句话概括展现出企业的招聘需求、品牌优势，也可以使用一些直击应聘者痛点的文案，如图9-23所示。

▲图9-23 人才招聘H5的标题广告示例

（2）**企业介绍：**简要介绍企业的历史、优势和相关成绩，展现企业的风格特色，吸引应聘者关注，如图 9-24 所示。

▲图 9-24 人才招聘 H5 的企业介绍举例

（3）**福利待遇：**将企业的一些福利待遇信息简要展示出来，注意一定要真实，如图 9-25 所示。

（4）**招聘岗位：**列出企业的招聘岗位及主要职责，如图 9-26 所示。

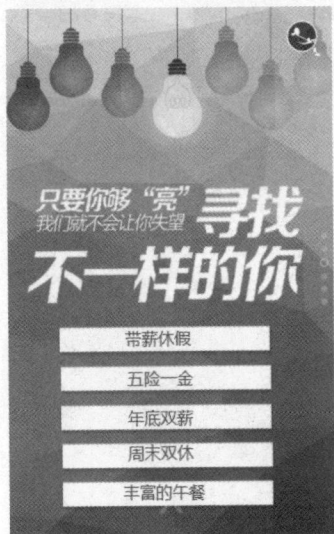

▲图 9-25 福利待遇举例

▲图 9-26 招聘岗位举例

（5）联系方式： 最后可以展示企业的联系方式等信息，如二维码、联系电话、网址、地址或一键拨号等，让有意向的求职者可以及时联系企业，如图9-27所示。

▲图9-27 人才招聘H5的联系信息举例

（6）在线报名： 当然，企业也可以在人才招聘H5的末尾处添加一个在线表单页面，内容主要包括姓名、手机号码、应聘岗位、邮箱、履历等，用来快速收集求职者的信息，然后再由人力资源部门进行筛选，找到合适的人才并通知他们前来面试，如图9-28所示。

▲图9-28 在H5末尾添加在线报名页面

094 商务汇报：**工作报告 / 商业策划书 / 个人总结**

商务汇报包括工作报告、商业策划书、个人总结等不同类型，下面分别进行介绍。

（1）工作报告：工作报告是一种比较正式的报告形式，主要内容通常包括近一段的工作情况和下一段的工作部署。在制作工作报告 H5 页面时，主要包括封面、目录两大板块，如图 9-29 所示。具体的报告内容则可以根据目录来安排，通常每个目录标题安排一页内容即可，可以采用流程图或图解等形式来设计，这样不但使页面更加美观，而且部门领导阅读起来也更加方便快捷，如图 9-30 所示。

▲图 9-29 工作报告 H5 页面

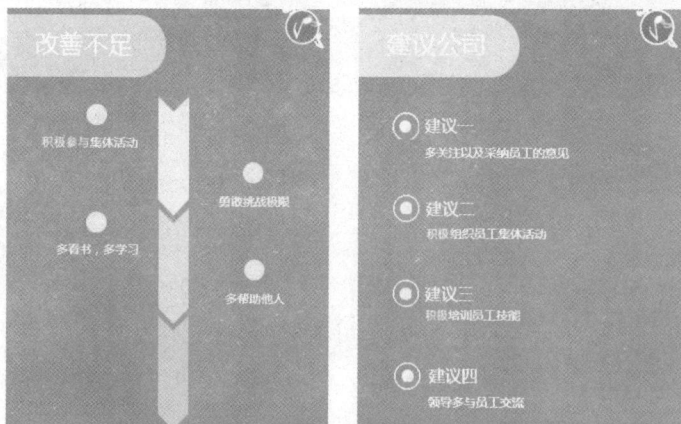

▲图 9-30 工作报告 H5 的内容采用图解的形式来展现

（2）**商业策划书：**一个完整的H5商业策划书通常应包括市场调查、各项业绩完成情况、主要工作介绍、商业模式、项目团队、项目分析、项目回报、项目活动等内容，如图9-31所示。

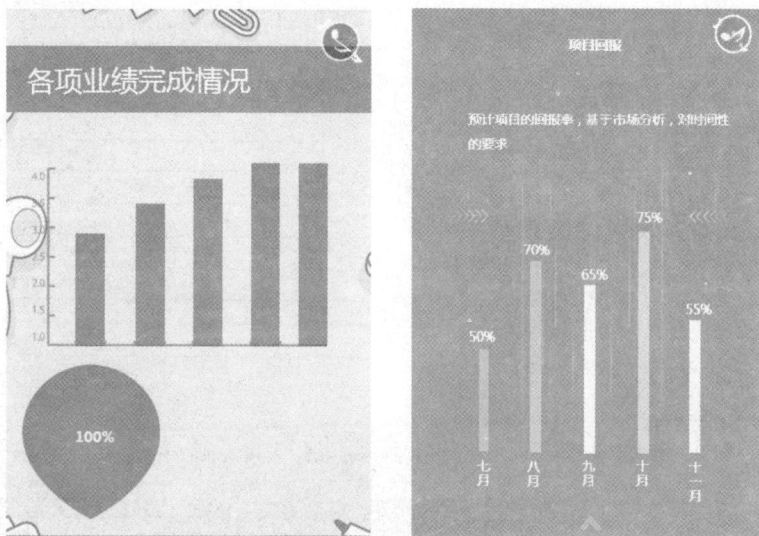

▲图9-31 商业策划书H5页面

（3）**个人总结：**个人总结就是全面系统地总结一段时间内个人工作的情况，比较常见的应用场景是年终汇报总结，如图9-32所示。

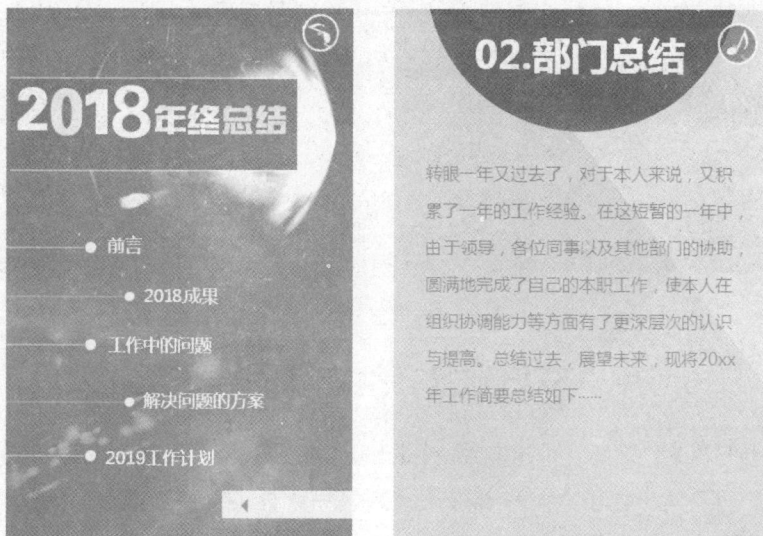

▲图9-32 年终汇报总结H5页面

095 招商加盟：**有计划、有目的，离成功只差一步**

招商加盟主要是指通过 H5 来寻找加盟商，是企业谋求自身发展的重要方式。招商加盟 H5 页面的主要内容如图 9-33 所示。当然，企业也可以根据自身的实际情况进行调整。

招商加盟 H5 页面必须具有一定的视觉冲击力，要运用新颖的页面设计，展现出良好的企业品牌文化和公众形象，如图 9-34 所示。

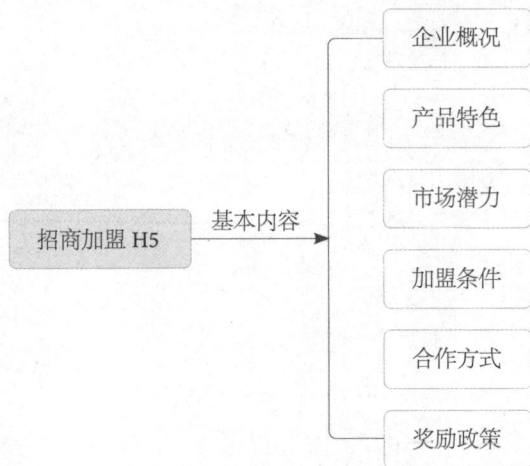

▲图 9-33 招商加盟 H5 页面的主要内容

▲图 9-34 招商加盟 H5 页面

096 节日应用：**节日到来，别忘了问候粉丝**

每当节日来临之际，也是各大企业营销活动的旺季，大家可以通过 H5 来给粉丝发送节日问候，也可以制作各种节日主题营销活动。

节日营销首先要明确目标，同时要突出营销主题，设计出让消费者耳目一新的促销活动，H5 页面需要有较强的视觉冲击力，使用情感营销，增强吸引力，让客户产生消费兴趣。

例如，在中秋节期间，可以将"合家团圆"作为 H5 主题，并撰写一些比较能引起情感共鸣的文案，吸引粉丝的目光，如图 9-35 所示。

▲图 9-35 中秋节 H5 页面

节假日一直都是企业开展活动的契机，活动策划者需要掌握节假日活动的策划要点，只有这样，才能巧妙地借助节假日的气氛，顺势实现活动目的。

> 温馨提示　　企业或商家利用一些特殊的节日，在 H5 页面中进行营销引流，是一种很不错的营销方法，如果产品与节日氛围非常贴切并且特别能打动用户，一定会吸引用户购买产品。

同时，企业可以在 H5 中添加与节日主题相关的各种小活动、小游戏，来增强 H5 的互动性。例如，元宵节猜灯谜是富有民族特色的一种热门的文娱形式，也是历史流传下来的节日习俗，因此，活动策划者可以将元宵灯谜作为活动重点，吸引消费者的注意力，并制定猜谜规则，以奖品作为"助力"，推动消费者积极参与，如图 9-36 所示。

▲图 9-36 元宵节 H5 页面

从节日的商业效果而言，主要是针对节日的相关信息，促进产品的宣传和销售，所以大多数的节假日都是能够被商家所采用的。比如，每年 3 月 8 日是妇女节，但从大众的心理出发，更希望是女人节，所以在那天，商家打造的活动主题都是以女性为主，如图 9-37 所示。

▲图 9-37 妇女节 H5 页面

097 个人应用：**制作属于自己的个性化 H5 场景**

除了前面介绍的各种商业应用场景外，H5 还有很多个人玩法，如婚礼、表白、个人名片、个人秀、节日贺卡、亲子、生日聚会、情感、校园、开学季、毕业季、相册、简历等应用场景，用户可以根据需求制作属于自己的个性化 H5 场景。

其中，婚礼 H5 是比较常见的应用场景，不但可以用来作为纪念相册，而且还可以作为请柬，更符合移动互联网时代人们的交流习惯。例如，结婚时我们可以通过微信来发送 H5 请柬，显得更加时尚、创意，如图 9-38 所示。

▲图 9-38 婚礼请柬 H5 页面

H5 也可以用于各种相册，如旅行相册、文艺相册、风景区旅游相册、毕业相册、儿童相册、情侣相册等，如图 9-39 所示。

▲图 9-39 相册 H5 页面

第10章

经典案例:
火爆的 H5 营销新玩法

学前提示 >>>

H5具有强大的表现能力,可以通过文字、图片、动画、视频、3D、VR等多种形式来展现企业的各类信息,具有强大的营销优势。当然,要让H5快速传播,我们还需要在这个页面中加入自己的创意,从而更显著地提升移动营销的效果。

要点展示 >>>

◆ 《六一发糖了,梦幻糖果机来袭》:紧靠节日热点的借势营销

◆ 《该新闻已被BMW快速删除》:指尖上的速度与激情

◆ 《淘宝造物节邀请函》:类似于VR沉浸式体验

◆ 《穿越故宫来看你》:让传统文化活起来

◆ 《Dopemine:THE SAVE 活口》:树立了密室类H5的标杆

◆ 《豆瓣,我的精神角落》:做出了属于豆瓣的文艺风格

◆ 《一杯咖啡遇见有意思的人》:如何真诚且优雅地强势营销

◆ 《蓝标带你重返20岁》:如何用H5体现企业文化

◆ 《做一个LOGO,少一个朋友》:有了创意,用模板也能制作好玩的H5

◆ 《我和微信的故事》:撬动用户心理的兴奋点,瞬间引爆朋友圈

◆ 《大屏手机就是小米Max群》:预热活动吸粉展现新品特色

098 《六一发糖了，梦幻糖果机来袭》：**紧靠节日热点的借势营销**

《六一发糖了，梦幻糖果机来袭》是由五个品牌联合推出的一个六一儿童节活动，由河狸家、神州专车、百度外卖、格瓦拉及网易考拉联合发券促销，如图 10-1 所示。

▲图 10-1 《OPPO 邀您吃月饼，中大奖！》H5 游戏

《六一发糖了，梦幻糖果机来袭》的运营技巧总结如图 10-2 所示。

《六一发糖了，梦幻糖果机来袭》 —— 运营技巧 ——
- 利用六一儿童节热点进行借势营销
- 多个品牌联合推广，形成强大聚力
- 游戏互动形式，贴合主题人群定位
- 画风可爱，色彩鲜亮，吸引儿童关注
- 品牌 LOGO 全程展出，曝光度高
- 采用单触点击的交互方式，玩法简单

▲图 10-2 《六一发糖了，梦幻糖果机来袭》的运营技巧

自从节日被贴上营销的标签之后，每每到了一个节日都是品牌最为活跃的时期。可是品牌借势营销也是需要有创意的，没点创意用户才不会买单。图 10-3 所示，为借节日进行 H5 借势营销的相关技巧。

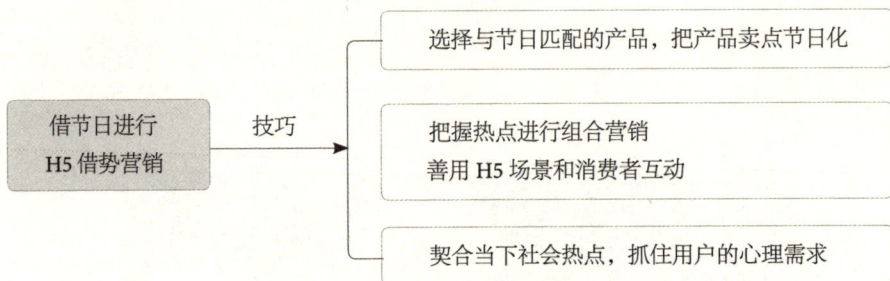

▲图 10-3 借节日进行 H5 借势营销的相关技巧

借势营销是指将营销目的隐藏在 H5 活动中，从而使其融入用户喜闻乐见的场景下，使用户在这个场景下了解并接受企业的营销手段。

在借势营销下，各种节日成了 H5 营销活动最常用的借势手段。作为一名 H5 运营人员，必须对大大小小的节日了然于胸，不能将其作为单纯的节日，而是一个个可以再次加工、借势而为的实际热点。

099 《该新闻已被 BMW 快速删除》：指尖上的速度与激情

《该新闻已被 BMW 快速删除》是由宝马官方微信"宝马中国"推出的一条信息，点击"阅读原文"打开链接后，这条信息其实是宝马 BMW 的 M 家族全新车型 M2 的市场预热活动，采用的方式是一个非常酷炫的 H5 页面，如图 10-4 所示。

▲图 10-4 《该新闻已被 BMW 快速删除》H5 页面

　　该 H5 大胆地使用了电影植入手法，如剪接、声效、3D、后期等，采用"真车视频＋仿熟悉应用场景"的形式，完美呈现 BMW M2 的速度与激情，同时视频中伴随着发动机的轰鸣声，震颤着用户的耳膜，让观众心情澎湃、跃跃欲试，如图 10-5 所示。

　　该 H5 发布当晚，就被许多广告人、营销人士在朋友圈持续转发、讨论。据悉，仅用了 80 分钟，《该新闻已被 BMW 快速删除》的访问量就突破了 10 万。

▲图 10-5 《该新闻已被 BMW 快速删除》采用视频互动形式

《该新闻已被 BMW 快速删除》在内容形式上具有创意，并没有使用小游戏来进行互动，而是将一个 40 秒的短视频作为核心内容，将观众带入到多个空间和场景，让他们仿佛置身于车中。《该新闻已被 BMW 快速删除》取得成功的主要原因如图 10-6 所示。

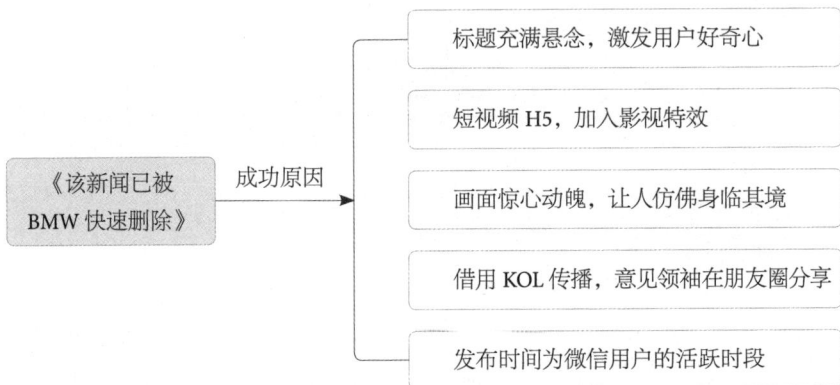

《该新闻已被 BMW 快速删除》 → 成功原因 →

- 标题充满悬念，激发用户好奇心
- 短视频 H5，加入影视特效
- 画面惊心动魄，让人仿佛身临其境
- 借用 KOL 传播，意见领袖在朋友圈分享
- 发布时间为微信用户的活跃时段

▲图 10-6 《该新闻已被 BMW 快速删除》的成功原因

> **温馨提示**　KOL（Key Opinion Leader）的意思是关键意见领袖，主要是指那些在某个行业内有话语权的人，以及在社交平台上有话语权的传播者。借用 KOL 传播 H5，可以让用户提高对 H5 营销的信任度。

100 《淘宝造物节邀请函》：类似于 VR 沉浸式体验

《淘宝造物节邀请函》是一个类似 VR 沉浸式体验的 H5 页面，采用了多种技术相结合，如"重力感应 +360 度 + 全景 + 动画技术"，内容丰富、画面酷炫，如图 10-7 所示。

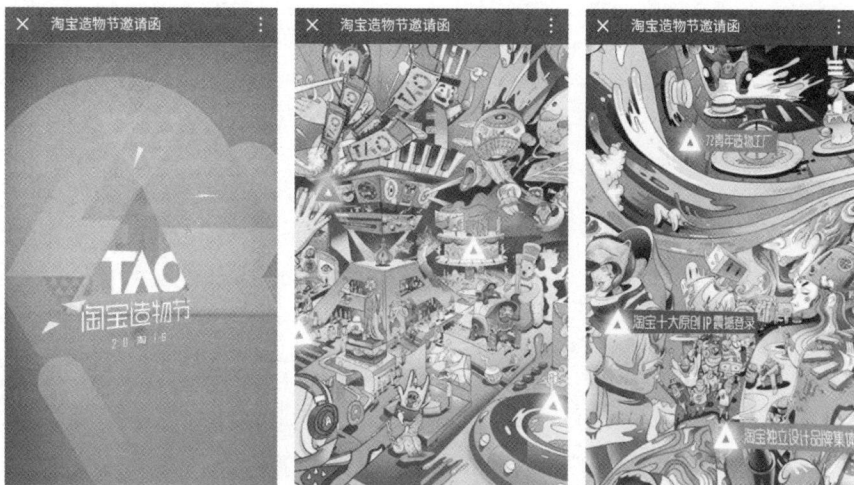

▲图 10-7 《淘宝造物节邀请函》H5 页面

进入 H5 后，用户仿佛置身于一个色彩空间，搭配 360° 全景技术，滑动页面或转动手机可以从不同角度来查看各种场景，点击相应的造物节主题标签，可以看到大量的造物节信息，如图 10-8 所示。

▲图 10-8 H5 页面包含了大量的造物节信息

同时，在 H5 中加入充满节奏感的歌曲作为背景音乐，带动用户的情绪，产生浓厚的现场氛围，该页面还附有"购票密令"和"发送我的邀请函"功能，通过这个炫酷的 H5 邀请函敲开了"淘宝造物节的大门"，其主要成功原因如图 10-9所示。

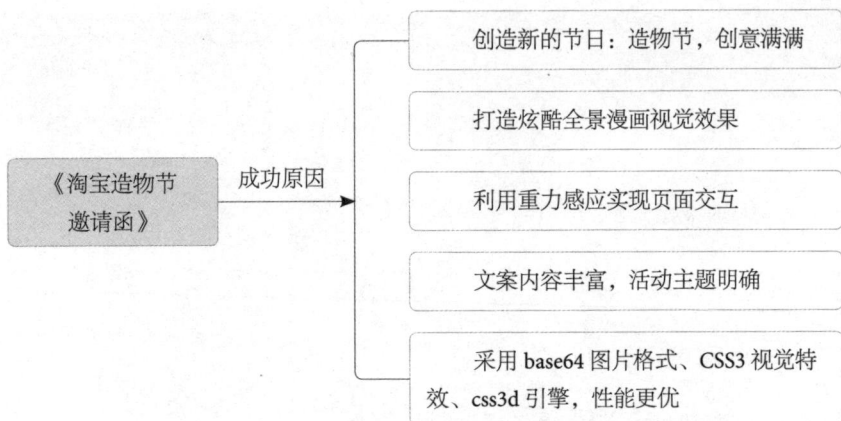

▲图 10-9 《淘宝造物节邀请函》的成功原因

101 《穿越故宫来看你》：**让传统文化活起来**

《穿越故宫来看你》是腾讯创新大赛的一个 H5 报名页面，运用了时下流行的"穿越复古"风格，在其中穿插了很多角色和场景，带给用户眼前一亮的感觉，如图 10-10 所示。

▲图 10-10 《穿越故宫来看你》H5 页面

《穿越故宫来看你》H5 非常具有创新性，同时也很好地体现了腾讯创新大赛的主题，其成功的主要原因如图 10-11 所示。

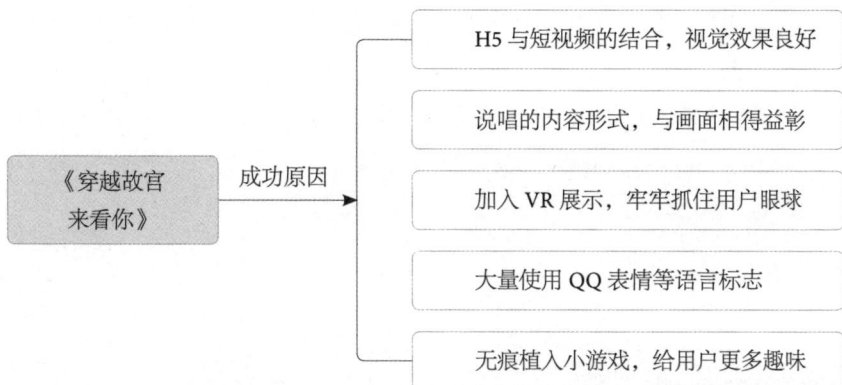

▲图 10-11 《穿越故宫来看你》的成功原因

102 《Dopemine：THE SAVE 活口》：树立了密室

类 H5 的标杆

Dopemine 发布的《THE SAVE 活口》是一款微信 H5 版密室逃脱小游戏，画面和剧情疑点重重，玩家必须在迷局之中找到关键线索，才能逃离迷狱，如图 10-12 所示。

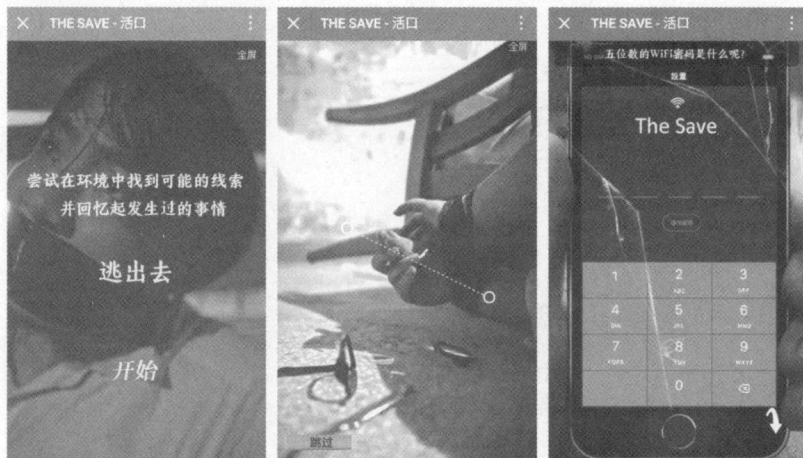

▲图 10-12 《THE SAVE 活口》H5 小游戏

一开始，你会被绑在一个陌生的房间里，通过手指转动屏幕查看四周环境，在其中寻找各种线索，发现有沙发、桌子以及掉落在地上的手机和眼镜。首先将眼镜踩碎，使用镜片解开捆绑，然后捡起手机，但是手机没有 SIM 卡，电话打不出去，不有 WiFi，屋内还有一台老式电话。出口的门上有一把密码锁，解开密码即可成功逃出。

《THE SAVE 活口》充分将游戏与电影相结合，在剧情构思、游戏交互、视觉设计上均属上乘，形式新颖，体验效果好，树立了密室类 H5 的标杆，其成功的主要原因如图 10-13 所示。

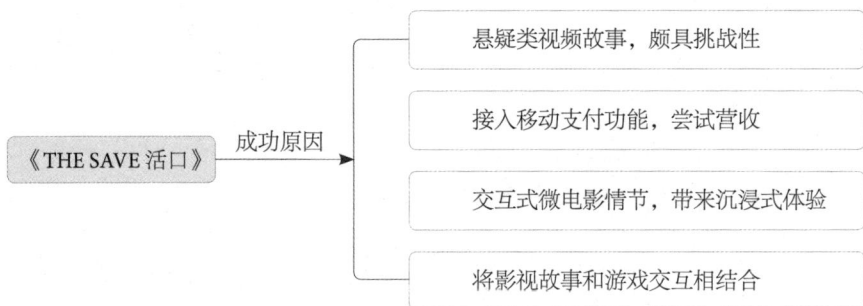

▲图 10-13 《THE SAVE 活口》的成功原因

103 《我们的精神角落》：做出了属于豆瓣的文艺风格

《我们的精神角落》是豆瓣发布的首部品牌影片，采用 H5 游戏类通关的形式，分为眼、鼻、耳、口、大脑五个章，环环相扣，表达出豆瓣的品牌主题"我内心丰富、生而不凡，这是我的秘密"，如图 10-14 所示。

▲图 10-14 《我们的精神角落》H5 作品

豆瓣尝试使用一种"影像诗"的画面和表达方式，采用了主观视角来拍摄，在 H5 页面中整合了文字、图片、音频、VR 视频、TVC（电视广告）、H5 游戏等多种表现形式，细节处理非常完美，将观众带入到一个个寓言故事中，从而打动观众。其成功的主要原因如图 10-15 所示。

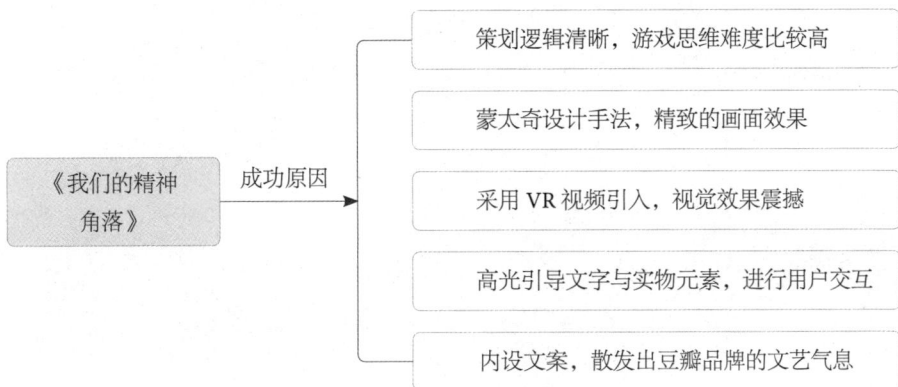

《我们的精神角落》 —— 成功原因 →

- 策划逻辑清晰，游戏思维难度比较高
- 蒙太奇设计手法，精致的画面效果
- 采用 VR 视频引入，视觉效果震撼
- 高光引导文字与实物元素，进行用户交互
- 内设文案，散发出豆瓣品牌的文艺气息

▲图 10-15 《我们的精神角落》的成功原因

104 《一杯咖啡遇见有意思的人》：如何真诚且优雅地强势营销

《一杯咖啡遇见有意思的人》是由雀巢咖啡推出的一个 H5 宣传页面，主要内容是通过 H5 来模拟这样一个场景：当你一个人走进咖啡馆时，是否想找个陌生人来聊聊天，如图 10-16 所示。

▲图 10-16 《一杯咖啡遇见有意思的人》H5 作品

《一杯咖啡遇见有意思的人》与其他 H5 不同的是，它采用了完全倒置的营销手法，在 H5 营销中摒弃了逐步引出的方式，雀巢开门见山就点明这是自己品牌的广告，同时在各种对话情景中展现品牌元素，使其深入人心。虽然广告做得很"硬"，但依然受到用户的欢迎，其成功的主要原因如图 10-17 所示。

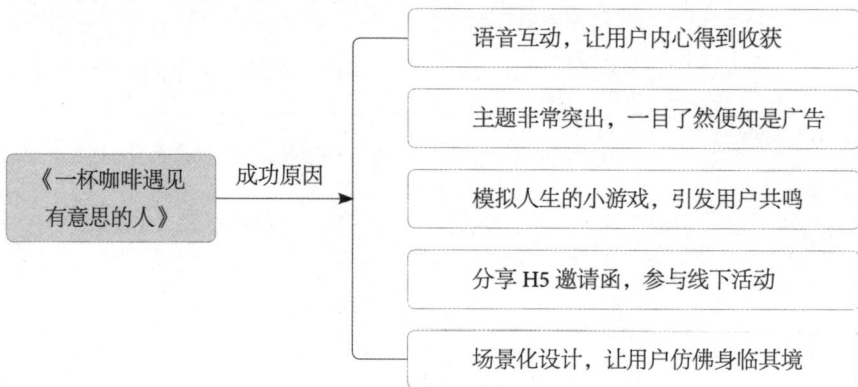

▲图 10-17 《一杯咖啡遇见有意思的人》的成功原因

105 《蓝标带你重返 20 岁》：如何用 H5 体现企业文化

《蓝标带你重返 20 岁》是由蓝色光标推出的一个庆祝 20 周年的 H5 作品，采用大数据的内容形式，展现了其优秀的企业文化，如图 10-18 所示。

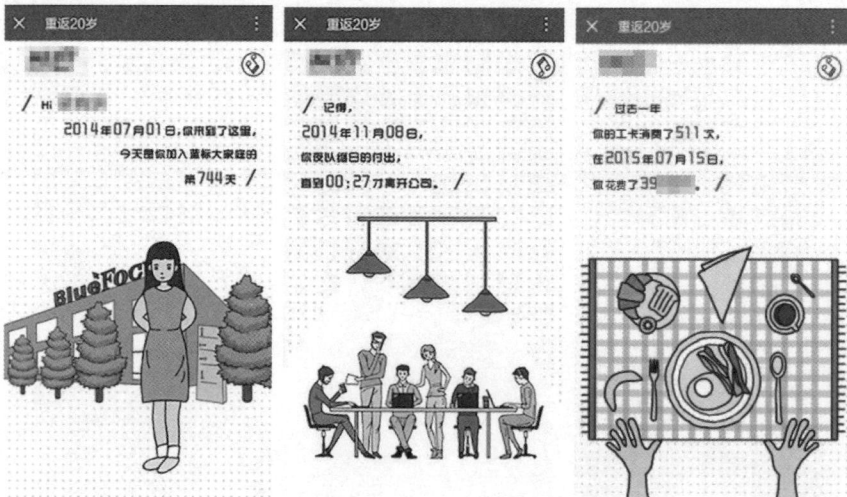

▲图 10-18 《蓝标带你重返 20 岁》H5 作品

蓝色光标采用"H5+ 大数据"的营销手法，将人文关怀传递给公司员工，引发员工们积极分享，其成功的主要原因如图 10-19 所示。公司员工可以在 H5 页面中输入工号等信息，获取自己的独有数据，如工作时间、加班记录、就餐资金等，员工在蓝色光标的工作轨迹都可以以漫画形式展现在手机中。

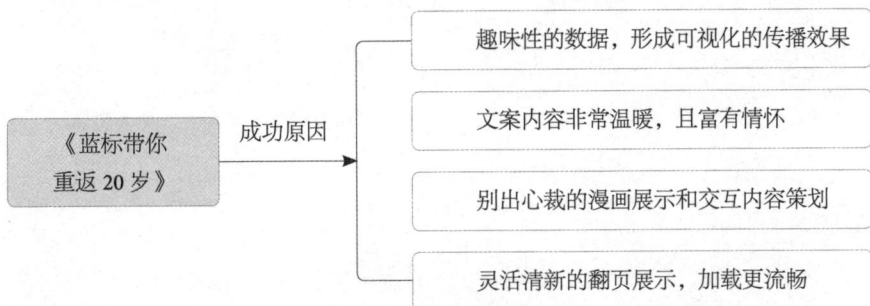

▲图 10-19 《蓝标带你重返 20 岁》的成功原因

106 《做一个 LOGO，少一个朋友》：**有了创意，用模板也能制作好玩的 H5**

《做一个 LOGO，少一个朋友》是凡科微传单推出的宣传 H5 页面，如图 10-20 所示。通过模拟微信聊天场景，讲述了一个多年没有联系的朋友突出找你给他设计 LOGO，但又不愿意付费的场景，当话题没法继续的时候，画面中出现了弹幕和短视频，风格幽默有趣，相信很多设计师都有过类似经历，由此引发用户的共鸣。

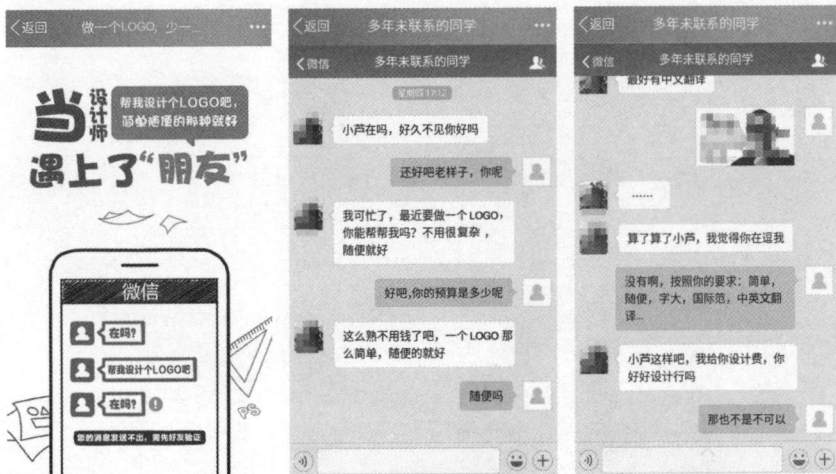

▲图 10-20 《做一个 LOGO，少一个朋友》H5 作品

这个 H5 推出仅仅 3 天，其 PV 就达到了 100 万，对于那些缺乏资金，只能依靠内容来进行 H5 创意营销的运营者来说，确实大受鼓励。《做一个 LOGO，少一个朋友》成功的主要原因如图 10-21 所示。

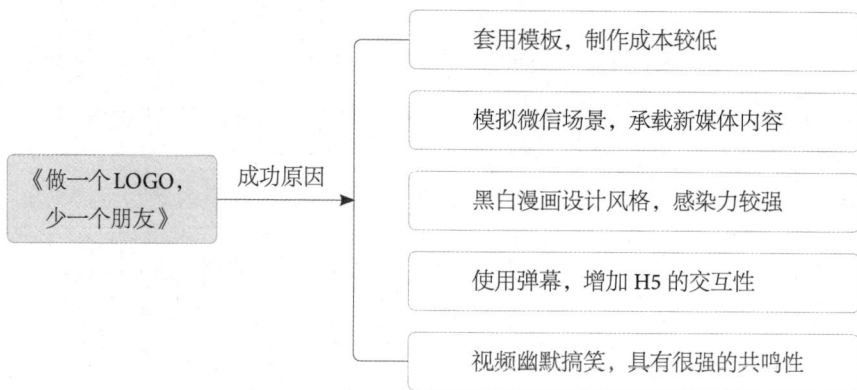

▲图 10-21 《做一个 LOGO，少一个朋友》的成功原因

107 《我和微信的故事》：撬动用户心理的兴奋点，瞬间引爆朋友圈

《我和微信的故事》是微信公开课推出的一个 H5 页面，采用大数据的形式展现了用户与微信之间的互动，勾起用户的点滴回忆，从而使用户纷纷截屏分享至朋友圈，如图 10-22 所示。

▲图 10-22 《我和微信的故事》被用户在朋友圈广泛传播

　　《我和微信的故事》这个 H5 页面记录的内容包括：开始使用微信的时间、微信用户排名、第一次发朋友圈的时间、第一个微信好友是谁、这一年共发了多少条朋友圈、收发了多少个微信红包、走过的地方以及获赞数量等，如图 10-23 所示。

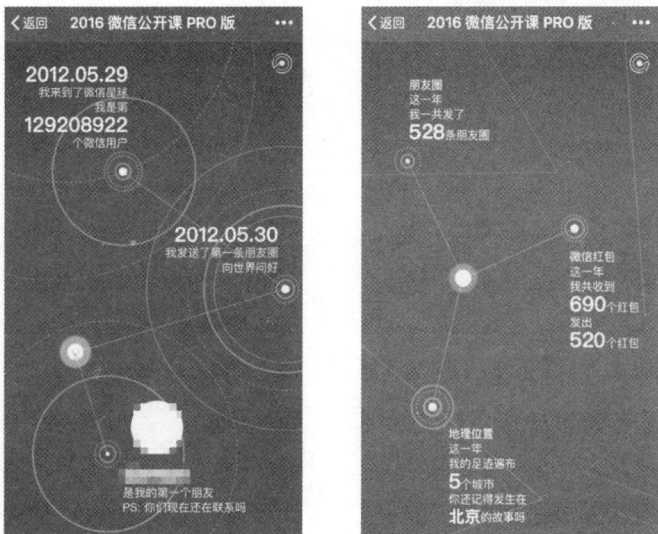

▲图 10-23 《我和微信的故事》内容

　　《我和微信的故事》几乎没有互动形式，而且页面也非常简单，只有寥寥几页，其中仅包含一些与用户息息相关的微信数据统计，但却能让用户乐此不疲地自发分享传播，其成功的主要原因如图 10-24 所示。

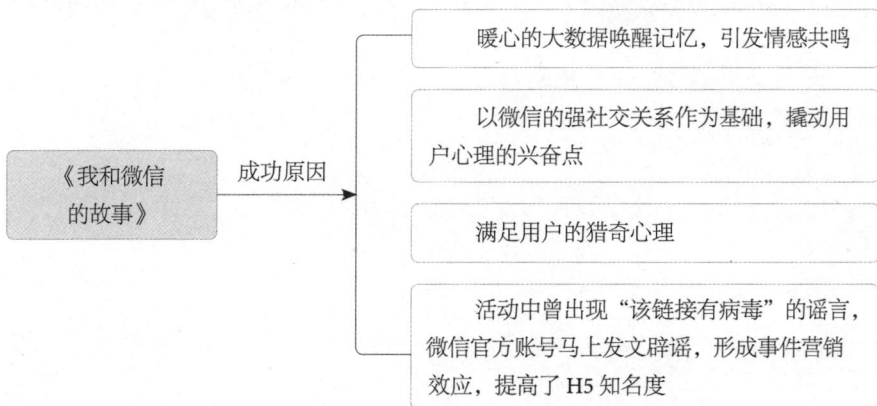

▲图 10-24 《我和微信的故事》的成功原因

108 《大屏手机就是小米 Max 群》：**预热活动吸粉，展现新品特色**

《大屏手机就是小米 Max 群》是由小米手机为推出新产品小米 Max 而发布的预热 H5，如图 10-25 所示。

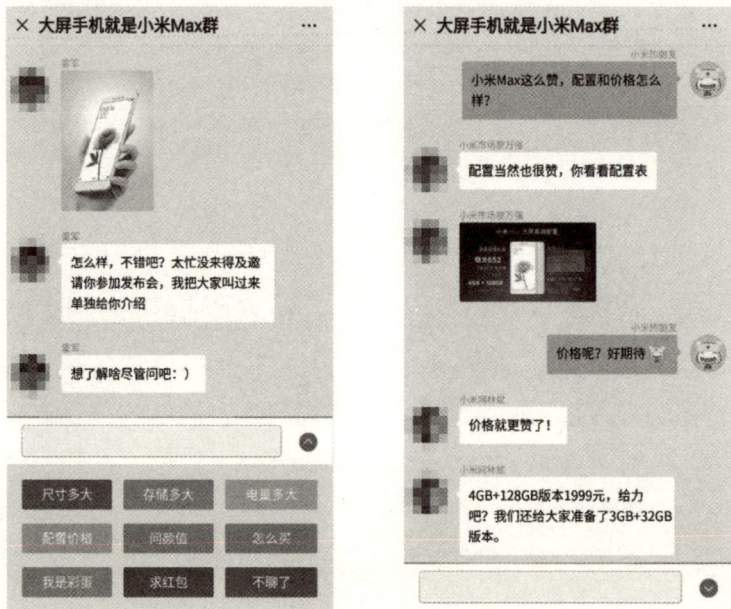

▲图 10-25 《大屏手机就是小米 MAX 群》H5 页面

《大屏手机就是小米 Max 群》这个 H5 全程模拟微信群聊的互动形式，将新产品的功能特色展现出来，为其发布会进行活动预热，其策划亮点如图 10-26 所示。

```
                           活动主题明确，为新品进行预热宣传

                           模拟群聊对象都是小米公司的高管

                           文案内容风趣幽默，而且逻辑性很强
《大屏手机就是      策划亮点
 小米 Max 群》                交互方式多样，包括图片、视频和问答等，
                           内容丰富，互动性高

                           点选问题的对话设计，清晰引导用户

                           用聊天对话产品特点，制造用户预期
```

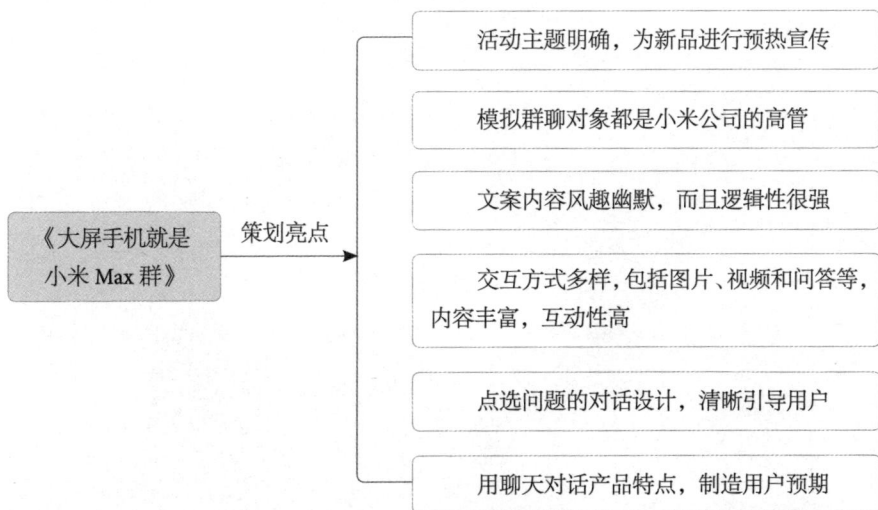

▲图 10-26 《大屏手机就是小米 Max 群》的策划亮点

　　智能手机如今已经成为大众的生活必需品，而 H5 发布的活动能够第一时间通过智能手机被大众所接收，品牌的用户互动性也由于了解活动所需时间的缩短进而更加实时化。因此，将品牌营销、产品推广和 H5 互动结合起来，能够快速吸引目标群体的关注，收获不一样的营销和引流效果。